西郷隆盛と明治維新

坂野潤治

講談社現代新書

2202

はじめに

「王政復古」の約四ヵ月前（一八六七年旧暦七月二八日）、西郷隆盛と会ったイギリスの外交官アーネスト・サトウ（Ernest M. Satow）は、後にその時のことを次のように回顧している。

「私は京都の情勢を聞くために、西郷に会いに薩摩屋敷へ行った。西郷は、現在の大《タイ》君《クーン》政府の代わりに国民議会を設立すべきであると言って、大いに論じた。私は友人の松根青年から、反大君派の間ではこうした議論がきわめて一般的になっていると聞いていたが、これは私には狂気じみた考えのように思われた。」（アーネスト・サトウ『一外交官の見た明治維新』下巻、四五頁。岩波文庫）

西郷隆盛といえば今日の読者がまず思い出すのは「征韓論」のことであろう。西郷がその主張を否定されて参議を辞めたのは一八七三年一〇月のことであるが、そのわずか六年前には、議会制の本家ともいうべきイギリスからやってきた外交官に、「国民議会」の必

西郷隆盛（国会図書館蔵）

要を熱心に説いていたのである。

議会制の国から来たイギリス人がそれを「狂気じみた考え」と評しているのも興味深いが、それ以上に、西郷が「国民議会」の信奉者だったという事実は、われわれの西郷像に大きな修正を迫るものである。

西郷像修正の必要は、この点にとどまらない。一八九四（明治二七）年にはじめての本格的な西郷の伝記を著わした元薩摩藩士の勝田《かった》孫弥《まごや》は、幕末期の西郷が「攘夷」論にあまり関心がなかったことを示唆している。西郷がはじめて政治舞台に登場した「安政の大獄」（一八五八年）直前の事情について、勝田は次のように記している。

「当時堀田《ほった》〔正睦《まさよし》〕閣老〔老中〕等と京師〔都〕の勤王党とは、素《もと》より開鎖の論につきて紛争したりしに相違なしと雖《いえど》も、隆盛等の争う所は、一橋《ひとつばし》世子〔慶喜《よしのぶ》〕派、即ち一大革新を行わんと欲するものと、紀州派即ち幕府の祖法を固守するものとの競争にして、開鎖論の如きは、さまで隆盛等の主眼とする所にあらざりしなり。」（勝田孫弥『西郷隆盛伝』第一巻、九八頁。西郷隆盛伝発行所。句読点、傍点筆者。引用については読み易さを考慮して、書き下し文に改め、新仮名表記で、送り仮名、句読点を適宜補うなどの変更を加えている。以下同）

アーネスト・サトウの回顧と勝田孫弥の西郷伝の記述をあわせると、西郷は「攘夷」論にあまり関心を持たない「国民議会」論者であったことになる。明治維新後の一八七三年に「征韓論」を唱えて政府を去った西郷像とはあまりにも違う姿を、サトウと勝田は描いているのである。

さらに西郷は、「封建制」を廃して、欧米列強から近代的統一国家として認められることをめざして、薩摩、長州、土佐三藩から献上された「御親兵」の力で、「廃藩置県」を断行した。勝田孫弥は、一八七一年旧暦七月に西郷が薩摩藩権《ごん》大参事（副知事）に宛てた、次のような手紙を紹介している。

「外国人よりも、天子の威権は相立たざる国柄にて、政府というもの国々四方に之《これ》ありなど申触れ、頓《とん》と国体相立たずと申述べ候由。当時は万国に対立し、気運開き立ち候に付《つい》ては、迚《とて》も勢い防ぎ難き次第に御坐候間《あいだ》、断然公義を以て郡県の制度に改められ候事に相成る命令相下され候時機にて候。（中略）旧習一時に廃し候事に候えば、異変之なしとも申し難き国々も相知れざるに付《つき》、朝廷に於ては戦を以て決せられ候に付、（中略）夫丈《それだけ》は御安心下さるべく候。」（同前書第五巻、六四頁）

西郷は自らが率いる御親兵の力を背景に、一二世紀末の鎌倉幕府以来続いてきた封建制度廃止の先頭に立ったのである。

一八七一（明治四）年の廃藩置県後の西郷は、一八七三（明治六）年の「征韓論」と一八七七（明治一〇）年の西南戦争だけで知られている。東アジア侵略と士族反乱の中心人物として描かれ、しかもそれが、それに先立つ一五年間の、議会論者で封建制打倒につとめた西郷隆盛よりも有名になってしまったのである。

征韓論から西南戦争にかけての西郷の実像については、本書の第六章以下に再検討するが、「はじめに」においても次の二点は指摘しておきたい。

その第一は、いわゆる征韓論争で敗れて郷里の鹿児島に帰っていた西郷が、幕末期に交流のあった欧米文明の鼓吹者《こすいしゃ》たちにくらべて、福沢諭吉《ふくざわゆきち》の著作が抜群にすぐれていることを発見していた点である。一八七四（明治七）年末のことである。

第二点は、「征韓論者」として有名な西郷が、一八七五（明治八）年九月の江華島事件を、相手を弱国と侮って、長年の両国間の交流を無視した卑劣な挑発と非難していた点である。江華島沿岸を測量するなら、あらかじめ朝鮮政府の同意を得てから行うべきである、というのが西郷の主張だったのである。「征韓論者西郷隆盛」という伝説そのものも、再考の必要があるのである。

これらのことから明らかなように、幕末から明治維新にかけてわれわれが漠然と抱いてきた西郷像は、まったくの虚像だったのである。西郷隆盛の実像を再現することが、本書の目的である。

目次

第一章　「攘夷」なき「尊王」論者

1　西郷登場のタイミング

一八五四年、はじめて江戸へ

西郷隆盛がはじめて江戸の地を踏んだのは、一八五四年の初頭のことであった。藩主島《しま》津《づ》斉彬《なりあきら》が参勤交代で江戸に向う伴揃のなかに、最下級の藩士として加えられたのである。隆盛二八歳の時である。

当時の薩摩藩士は、一門、門閥、一所持《いっしょもち》、寄合《よりあい》、小番《こばん》、新番《しんばん》、小姓組《こしょうぐみ》、与力《よりき》の八段階に分かれており、西郷は下から二番目の小姓組に属していた。

彼の江戸到着が一八五四年であったことは、その思想形成に大きな影響を与えたと思われる。一八五三、五四年のペリーの二度の来航に際して、「尊王攘夷」の本家とも言うべき水戸藩の態度が、攘夷の先送り、いわゆる「ぶらかし論」に転換したのである（堤克彦『横井小楠の実学思想』五〇一～五〇四頁。ぺりかん社）。

「ぶらかし論」とは、将来の本当の攘夷をめざして幕藩体制を改革することを課題として、当面ペリー艦隊に対しては攘夷を行わないとする対応を指す。幕府の海防参与や軍制参与となってこの政策を指導したのが、御三家の一つで水戸学の本家である、水戸藩の藩主徳川斉昭《とくがわなりあき》である。その水戸藩と緊密な関係にあった熊本藩実学党の横井小楠《よこいしょうなん》は、一八五四年三月の日米和親条約の締結後に、「今日の事勢、和戦の二ツは先《ま》ず さし置き」、水戸、越前、尾張の連携を強め、その他の有力藩にも及ぼし、人材を挙げ幕政を改革することに尽力すべきであると説いている（同前書、三七二～三七三頁）。そのなかで、この意見はすでに肥後（熊本）藩家老の長岡監物《ながおかけんもつ》より水戸藩の藤田東湖《ふじたとうこ》に伝えてあるとも記されている（同前書、三七三頁）。

「攘夷」の即行よりは幕藩体制の改革（有力藩主の幕政参画と人材の登用）が当面の課題であるとする長岡監物や横井小楠の主張は、西郷隆盛を主人公とする本書にとって、きわめて重要である。西郷がはじめて政治の表舞台に立ったのは、この三年後の一橋慶喜《ひとつばしよしのぶ》擁立運動の時からであるが、その時の彼の立場はここでの熊本実学党の横井小楠や長岡監物の主張と酷似していた。すでに「はじめに」で指摘したように、一八五七、五八年の西郷も、幕府の「一大革新」を最優先として、「開鎖論」にはこだわらなかったのである。

言いかえれば、一八五三、五四年のペリー来航時の水戸、越前、尾張、熊本四藩の主張と一八五七、五八年の日米修好通商条約時の一橋慶喜擁立運動とは、そのまま直結していたのである。

水戸学に内在した矛盾

天皇の一貫した権威保持を根拠に、万邦に秀でた日本の「国体」を強調してきた水戸学にとっては、ペリー来航時の「ぶらかし論」は、変節と呼ばれても仕方がない事態であった。しかし、後期水戸学の開祖とも言うべき会沢安《あいざわやすし》（正志斎《せいしさい》）の『新論』（一八二五年）には、はじめから「国体論」の抽象性と「強兵論」の具体性という矛盾が含まれていた。

一六三三年にはじまる「鎖国」の第一目的がキリスト教の禁止にあったのと同じく、それから約二〇〇年後の一八二五年に水戸藩の会沢安が『新論』のなかで唱えた「尊王攘夷」論の主目的も、キリスト教の侵入から日本の「国体」を守ることにあった（『日本思想大系』第五三巻、六八頁。岩波書店）。そして守られるべき「国体」とは、古来連綿と続く天皇制であった（同前書、七〇頁）。

しかし、会沢の『新論』には、宗教・思想面での「国体」護持だけではなく、欧米列強の日本への接近を軍事的に拒むという「強兵」の主張も含まれていた。「鎖国」ではなく「攘夷」という言葉は、むしろこの文脈で語られている。

しかも会沢の議論は、「攘夷」の具体策に入ると、きわめて合理主義的になってくる。彼は、「昔より神州の兵は、精鋭万国に冠たり。夷狄《いてき》は小醜《しょうしゅう》、憂うるに足らず」という独りよがりを槍玉にあげる。それは関ケ原の戦いごろまでの話で、この二〇〇年の太平の下で、神州の精兵などはとっくになくなっている、と（同前書、一〇二～一〇三頁）。

会沢はまた、日本の沿岸に砲台を並べて欧米の軍艦を迎え討つという議論を嘲笑する。「四面皆海」が「神州」を外敵から守ってくれたのは、「巨艦大舶」がなかった時代の話で、今や欧米列強が「巨艦大舶に駕し、電奔すること数万里」のご時勢である。「四面皆海」の日本は全沿岸に砲台を築かなければならず、仮にそれができたとしても、外敵がいつどこの沿岸を攻めてくるかは、わからない（同前書、九〇～九一頁）。いわば針鼠《はりねずみ》のようになった日本が、全国各地で毎日外敵の侵攻に身構えていることなどは、不可能だし無意味だというのである。唯一の対抗策は、日本も「巨艦を用いて以て軍容を壮《さかん》にし」て、「西夷」の「巨艦大舶」に対抗することだけである（同前書、一二五頁）。

キリスト教の侵入が日本人の「国体」信奉を揺がす。そして宗教は学問と一体となって入ってくる。だから会沢は当時唯一可能だった欧米の学問、すなわち「蘭学」の排除を主張する。しかし、蘭学を禁じて当時の日本独自の科学技術だけで、欧米に対抗する「巨艦」をつくることは、針鼠の砲台建築以上に不可能である。

このような『新論』の矛盾を指摘することは容易である。しかし、「国体」の根拠を儒教ではなく天皇に求めたことは、幕府支配の正統性を揺がすものであった。「巨艦」の建造と蘭学禁止の矛盾の方は、のちに佐久間象山《さくましょうざん》の「東洋道徳・西洋芸術」によって解決される。

幕末日本の課題の設定という点では、会沢の『新論』はもっと正当に評価されるべきではなかろうか。

渋沢栄一の『新論』評価

実は、会沢の『新論』の合理主義的側面は、今から約一〇〇年前に、渋沢栄一《しぶさわえいいち》によって指摘されている。かつて幕臣だった渋沢が私財を投じて出版した『徳川慶喜公伝』(一九一八年、龍門社)のなかにおいてである。

一方で渋沢は、会沢の西洋認識の限界を次のように指摘している。

「恒蔵〔会沢安〕は比較的海外の形勢に明なる者なれども、悲しいかな智識は古き蘭書の翻訳と、明・清人の西洋記事とに過ぎざるが故に、知り得たる所は往時の西洋のみ。」(同前書第一巻、一一六頁)

しかし他方で渋沢は、会沢の海防論が当時のもののなかでは群を抜いていたことも認め

ている。すなわち、

「「夷人固《もと》より兵戦に慣れ、操艦に巧《たくみ》なれば、決して愚弱として侮るべからず」といい、古来我の恃《たの》める陸戦の長技も、彼に当るに足らざるを知り、堅艦の必要を論ずるが如きは、一般固陋《ころう》なる兵学者流の攘夷論に比して数等を進めたり。」（同前書同巻、同頁）

明治・大正の大実業家として歴史研究の対象となっている渋沢栄一は、同時に幕末政治のすぐれた研究者でもあったのである。

会沢の『新論』が、それ以後の幕末政治が解決すべき課題を的確に指摘できたのは、それが幕府の「異国船打払令」（一八二五年）を眼前にして書かれたものだったからである。一八五三年のペリー来航の二八年も前にも、日本各地の港湾には、水や食料を求めて、欧米の艦船が押し寄せていた。それに対し幕府は諸藩に、理由の如何を問わず、接岸する外国船を攻撃することを命じた。「無二念《むにねん》打払令」という別称がその内容を的確に表現している。

日本側がそのような政策を採った時、欧米列強も反撃に出るのではないか、その反撃に今の日本は耐えられるのかと自問した会沢の答が、「国体論」と「巨艦建造論」だったのである。

よく知られているように、幕府は鎖国の二年後の一六三五年以来、全国の諸藩に五〇〇石積み以上の大船の建造を禁止してきた。それを前提にして「異国船打払令」を実行しようとすれば、会沢が鋭く批判した砲台建設一本槍にならざるをえない。他方、会沢の言に従って「大船建造の禁」を廃止すれば、西南の外様各藩はこぞって巨艦の建造に着手するに違いない。幕府と外様雄藩の軍事力が接近しかねなかったのである。そこへ会沢のもう一本の柱である「国体論」が加われば、幕府の支配の正統性は天皇の存在によって脅かされる。「砲台」は幕府に向かわないが、「巨艦」は欧米だけではなく江戸にも向かいかねない。同じように「攘夷」は幕府には向かわないが「尊王」は幕府に向かいかねない。会沢の『新論』は幕府にとっては迷惑至極な書物だったのである。

2 「外圧」と挙国一致

水戸藩主の「尊王攘夷」論

会沢安は「御三家」のひとつである水戸藩の家臣で、藩主の徳川斉昭は幼少の頃から、学問上では会沢の弟子であった。

その斉昭が、「尊王攘夷」論の中心的存在となったのは、一八四二年のアヘン戦争で清国がイギリスに敗れたころからである。より具体的に言えば、清国の敗北に脅えた幕府が、一八四二年に「異国船打払令」を撤廃したことが、斉昭を激怒させたのである。

「異国船打払令」を撤廃した幕府は、「大船建造の禁」の方は堅持した。日本に接近する欧米軍艦を砲台から攻撃するのを止めるだけではなく、日本の側が「大船巨艦」を造って迎え討つことも、従来どおり禁じたのである。

これでは「鎖国」は神風頼みの話になり、「攘夷」などできるはずがない。一八四五年に斉昭は、外様大名が欧米を撃たないで幕府に鉾《ほこ》を向けることを怖れる幕府に、次のような上書を送っている。

「二百余年の恩沢を蒙《こうむ》れる三家以下、家門・譜代は勿論、外様の大名に至るまでも、今更公儀に対して異心あるべしとも思われず。徒《いたずら》に大小名を憚《はばか》りて海防を忽《ゆるがせ》にし、大船の製造を許さざるは遺憾なり。（下略）」（『徳川慶喜公伝』第一巻、一二一頁）

佐久間象山の海防論

斉昭がこの意見書を幕府に提出した時の老中の一人が信州松代藩主真田《さなだ》幸貫《ゆきつら》で、幕末最高の西洋兵学者佐久間象山は、その家臣（一〇〇石）であった。会沢安が徳川斉昭を通じて幕政に影響を与えられたように、佐久間象山も、老中で自分の藩主である真田幸貫を介して幕府に働きかけられる地位にあったのである。幕末期の「思想家」は、単なる学者ではなく、為政者の一部でもあったことは、留意しておく必要があろう。

本書の主人公西郷隆盛は、この佐久間象山を尊敬していた。一八六四年旧暦九月に勝海《かっかい》舟《しゅう》とはじめて会談した時、現実を動かす知識人としては勝の方に軍配を上げながらも、「学問と見識においては佐久間〔象山〕抜群の事」と付け加えるのを忘れなかったのである（立教大学日本史研究会編『大久保利通関係文書』第三巻、三二二頁。吉川弘文館）。

その佐久間が会沢安の海防論を、それと知らずに継承したのは、一八四二年のアヘン戦争で清国がイギリスに敗北した時であった。清国を破ったイギリスが、一八二五年以降の「異国船打払令」に報復するかたちで、日本に「開国」を迫ってくるという認識に到達したのである。彼は、自藩の藩主で幕府の海防掛でもあった真田幸貫に、次のように上書している。

「イギリス人此度《このたび》唐山〔中国〕と戦争方付《かたづき》次第、本邦に交易を願い、万一交易御免《ゆるし》之なき節は、先年（中略）海岸に乗り寄せ候船へ、理不尽に鉄炮を打掛けられ候訳合《わけあい》を御糾《ただ》し申度《たき》よしを、イギリス人申居候由、又（中略）、唐山の騒乱方付次第、長崎・薩摩・江戸三ケ所へ兵艦を差向け候様、イギリス人申居り候よし（下略）」（『日本思想大系』第五五巻、二六三頁）

会沢安が一八二五年の異国船打払令への欧米列強の報復を警戒して海防論を唱えたように、一八四二年のアヘン戦争でのイギリスの勝利を機に、佐久間象山も海防の重要性に気がついたのである。

佐久間象山（国会図書館蔵）

しかし、アヘン戦争直後に佐久間が唱えた海防論は、一七年も前の異国船打払令の時に会沢が批判した針鼠論に近いものであった。日本全国のうち海に接していない一二ヵ国（上野《こうずけ》、下《しも》野《つけ》、甲斐、信濃、飛驒、美濃、近江、大和、山城、河内、丹波、美作《みまさか》）を除くすべての国（五六ヵ国）に強力な砲台を築くというものだったのである

（同前書、二八一頁）。

しかし、これをもってただちに、佐久間の海防論が一七年前の会沢のそれから後退したものと言うことはできない。佐久間の対外認識が、清国を破ったイギリスがそのまま開国を求めて日本に攻めてくるというものだった以上、今から軍艦を造っても間に合わないからである。

しかも当時の幕府には、「大船建造の禁」を廃して軍艦を建造する気がなかっただけでなく、アヘン戦争に脅えて、一八二五年の「異国船打払令」をも撤廃しようとしていた。そうなれば各藩がつとめてきた砲台建設も止まってしまう。イギリスの侵攻に備えて砲台だけでも強化しようという佐久間の主張にも、一理はあったのである。

「東洋道徳・西洋芸術」

その佐久間も、一八五三、五四年のアメリカ艦隊の来航ののちには、会沢安や徳川斉昭の「巨艦大船主義」を支持するにいたった。彼は吉田松陰のアメリカ密航未遂事件に連座して松代藩に蟄居《ちっきょ》中に記述した「省諐録《せいけんろく》」のなかで、「礮台《ほうだい》は多きを貴ばずして、礮艘は多きを厭《いと》わざるなり」という立場を鮮明にしたのである（同前書、二五九頁）。

佐久間の有名な言葉、「東洋道徳・西洋芸術」も、この記述のなかに出てきたものであるが（同前書、二四四頁）、注目すべきは、彼の「東洋道徳」のなかには、はじめから儒学が除かれていたことである。すなわち、「今のいわゆる儒者は、果して何するものぞや。（中略）これあるも補うところなく、これなきも損するところなきは、すなわち無用の学なり」と（同前書、二四九頁）。儒学が「無用の学」ならば、佐久間の「東洋道徳」は何によって支えられるのであろうか。

幕末の思想家のなかで、科学技術の点で欧米文明をもっとも深く理解していたのは佐久間象山であるが、政治思想のレベルでの欧米理解の第一人者は、熊本実学の横井小楠だったと思われる。その横井は、一八五六年に佐久間について次のように記している。

横井小楠（国会図書館蔵）

「西洋通信次第に盛《さかん》に相成り、諸夷《しょい》〔欧米諸国〕陸続《りくぞく》入り来り候えば、彼等教法・政事、自然に明《あきらか》に相知れ候に就《つい》ては、我邦人〔日本人〕の中《うち》、聡明奇傑の人物、（中略）知らず覚えず邪教〔キリスト教〕に落入り候は、（中略）鏡に懸《かけ》て見るが如し。佐久間修理〔象山〕抔《など》は既に邪教に落入りた

るにて、相分り申候。」（同前書、四八一頁。傍点筆者）

もちろん横井は、佐久間が「西洋芸術」の前に「東洋道徳」という看板を掲げていることは承知していた。しかし、「西洋芸術」の比重が大きくなるにしたがって、「東洋道徳」のそれは小さくなり、単なるお飾りにすぎなくなる、と佐久間を批判したのである。横井は次のように論じている。

「修理〔佐久間象山〕は邪教を唱うるにては之なく候えども、政事・戦法一切西洋の道明なりと唱え、聖人の道は独り易《えき》〔五経の一つ〕の一部のみ道理あると云うと承る。是《これ》、彼《かれ》邪教に落ちたるの実境なり。」（同前書、同頁）

一八五六年と言えば、すでに西郷隆盛が江戸の薩摩藩邸において庭方役として藩主島津斉彬に重用されていた頃である。その島津斉彬は、開明的な有力大名（越前の松平慶永《まつだいらよしなが》〈春嶽〉、土佐の山内豊信《やまうちとよしげ》〈容堂〉、尾張の徳川慶勝《とくがわよしかつ》など）だけではなく、旗本クラスの幕臣の開明派知識人（岩瀬忠震《いわせただなり》、川路聖謨《かわじとしあきら》、大久保忠寛《おおくぼただひろ》〈一翁〉、江川太郎左衛門《えがわたろうざえもん》、高島秋帆《たかしましゅうはん》、勝海舟など）と親交を結んでおり、佐久間象山もその一人であった。「学問と見識においては佐久間抜群の事」という西郷の評価は、この頃にできたものと思われる。「政事・戦法一切西洋の道明なり」と唱えていた佐久間象山を、西郷は「学問と見識においては（中略）抜群の事」と評していたのである。ちなみに、横井小楠が要約した佐久間の西洋一辺倒を、佐久間自身の言葉で語らせれば、次のようになる。

「道徳・仁義・孝悌《こうてい》・忠信等の教は、尽《ことごと》く漢土聖人の模訓《ぼくん》〔教え〕に従い、天文・地理・航海・測量・万物の窮理《きゅうり》・砲兵の技・商法・医術・器械・工作等は、皆西洋を主とし、五世界の所長を集めて、皇国の大学問を成し候義に御座候。」（同前書、三一一頁）

項目の数だけでも佐久間の西洋崇拝は明らかである。さらに注目すべきは、広く「道徳」の一語に集約できそうな四項目（道徳・仁義・孝悌・忠信）のすべては、「尽く漢土聖人の模訓に従」うとしている点である。先に記したように、佐久間は儒学を「無用の学」として軽蔑していた。その佐久間も、「学」としてではなく「道徳」としての「儒教」ならば「漢土聖人の模訓」を尊重してもいい、としていたのである。

これは、佐久間象山の西洋主義の限界を示すものとして、よく触れられてきた点であるが、佐久間がぎりぎりのところで妥協したことを鬼の首でも取ったようにあげつらうのは、占領軍によって「国体論」から解放された戦後の進歩派の傲慢さのように思われる。

それより重要なのは、佐久間が単に大砲と軍艦だけを造ればいいとは思っていなかった点である。大砲や軍艦の背後には、数学があり物理学があり、工学があり、経済学があることを、佐久間は強調しているのである。この点では佐久間の欧米理解は、蘭学を禁じようとした会沢安のそれを、数段超えていたのである。

このことを端的に示すのは、キリスト教を怖れて蘭学を禁じた水戸藩における軍艦製造の失敗である。一八五六年に水戸藩が日本独自の技術だけで製造した軍艦「旭日丸《あさひまる》」は、「大船」であっても蒸気船ではなく、実用にはまったく適さないもので、当時の人びとはこれを「厄介丸」と呼んだという（『徳川慶喜公伝』第一巻、一七四〜一七五頁）。

西郷隆盛の八人の同志

すでに記したように、一八五七、五八年の一橋慶喜擁立運動において、「開国」か「攘夷」かの問題について、西郷はほとんど関心を持っていなかった。そのことを端的に示しているのが、一八五九年旧暦一月に大久保利通《おおくぼとしみち》に送った彼の手紙である。この時西郷は、「安政の大獄」に連座するかたちで、奄美大島に身を隠す直前であった。その後三年も鹿児島に戻れなかったのだから、事実上の流刑《るけい》である。鹿児島の大久保から、留守中に連携を保つべき他藩の有志者を聞かれた時の西郷の返事が、この手紙である。短い一文なので、まず原文を紹介しておこう。

「諸藩の有志見当に相成り候人云々。
水戸。武田《たけだ》修理《しゅり》、安島弥次郎《あじまやじろう》。
越前。橋本左内《はしもとさない》、中根靫負《なかねゆきえ》。
肥後。長岡監物。
長州。増田《ますだ》〔益田〕弾正《だんじょう》。
土浦。大久保要《おおくぼかなめ》。
尾張。田宮弥太郎《たみややたろう》。」（『大久保利通関係文書』第三巻、二八四頁）

八人の「有志」のうち、越前藩の橋本左内と中根靫負（雪江）、尾張藩の田宮弥太郎（如雲）の三人は、積極的な開国派であった。しかし、他の五人、水戸藩の武田耕雲斎、安島帯刀《たてわき》、肥後藩の長岡監物、土浦藩の大久保要は、水戸学の「攘夷」論の信奉者であり、長州藩の益田弾正は、水戸学と並ぶ「攘夷」論者の吉田松陰《よしだしょういん》の門下生であった。「開鎖論の如きは、さまで隆盛等の主眼とする所にあらざりし」という『西郷隆盛伝』の著者の指摘（本書、五頁）は、的を射たものだったのである。

西郷隆盛と吉田松陰

このように西郷は、「開国」と「攘夷」を問わず八人の「有志」を大久保利通に托した。しかし、この八人のなかに、これ以後の「尊王攘夷」論に巨大な影響を与えた吉田松陰の名前は含まれていない。

実は、五人の「攘夷」論者のうち、長州藩の益田弾正、肥後藩の長岡監物、土浦藩の大久保要の三人は、西郷だけではなく、吉田松陰とも親交があった。

益田弾正は、長州藩の家老で、西郷の「有志」の一人であったが、同時に吉田松陰の門下生でもあった。西郷が都合五年余の流刑を赦《ゆる》されて薩摩藩の実力者として返り咲いた時、長州藩が武力で朝廷に「攘夷」の断行を求めた、いわゆる禁門の変が起ったが、その時指揮を執ったのが益田で、事変後責任を取って切腹した人物である。

肥後藩家老の長岡監物は、西郷が八人の「有志」として名前を挙げた半年ぐらい後に死去しているが、西郷とも吉田とも、さらには長州藩家老の益田とも親交があった。水戸藩主の徳川斉昭を崇拝する「尊王攘夷」論者であったが、実際にペリーが来航して「開国」

を要求した時には、斉昭が決断した先送り論（「ぶらかし論」）を支持した（堤前掲『横井小楠の実学思想』四三九頁）。「開国」か「攘夷」かにこだわらずに幕府改革に的を絞ろうとした西郷の〝棚上げ論〟と、長岡監物の「ぶらかし論」の類似性は、堤前掲書に引用されている長岡の対米応接案によって明らかになろう。

「外国、交易の望ある事ははやくよりしるといえども、我に於ては中古以来の国法を守り、一切に相断るの決定なれば、此度とてもゆるし難きは勿論なり。尤《もっと》も、是非々々交易通信を願う志ならば、今より五年を待つべし。日本は帝王の地にして、列侯と共に守りぬれば、かく新法を起す躰《てい》の事は、将軍家独断に決しがたく、先ず上は帝王に伺い、下は列侯と談じ、上下一決して後にこそ、兎《と》角《かく》の返答にも及ぶべけれ。固《もとよ》り五年をまたば、交易をゆるすと云うにはあらず。（中略）今度はいかに返答せよと云うても、返答はせぬぞ。（中略）五年の末に来るべし。」（堤前掲書、四二九〜四三〇頁より再引用）

今は「開国」に応ずるか否かを返答できない。五年かけて天皇、将軍、有力大名で合議して答を出すから「五年の末に来るべし」、という返答は、典型的な決断の先送り論である。

長岡が直接にペリーに会ってこういう応対をしたわけではない。おそらくは幕府の外交担当者に智恵をつけたものであろう。

対外政策における決定の先送りという今日的な批判を一旦忘れて、幕末政治の展開という観点からすれば、この長岡意見は大切な諸点を含んでいる。

水戸学を信奉する長岡が、天皇を将軍の上に置いているのは、いわば当然である。しかし長岡は、有力諸大名の合議体制の必要も説いている。この点も、のちに改めて検討する西郷隆盛の「合従連衡《がっしょうれんこう》」論と一致する。西郷の「有志」リストに長岡の名前が挙げられているのには、十分の理由があったのである。

吉田松陰の決戦論

佐久間象山を師と崇める吉田松陰は、会沢と違って蘭学を奨励した。しかし、「国体論」においては、会沢の忠実な継承者であり、佐久間のお飾りの「東洋道徳」とは一線を画していた。それは彼の次の二首に鮮明に示されている。

吉田松陰（国会図書館蔵）

「亜《ア》墨奴《ボクド》〔アメリカ〕が欧羅《ヨウラ》〔ヨーロッパ〕を約し来るとも備《そなえ》のあらば何か恐れん
備とは艦と礮《ほう》との謂《いい》ならず吾敷洲《わがしきしま》の大和魂」（『日本思想大系』第五四巻、二二四頁）

西郷隆盛の一八五九年初めの「有志」八名のなかには、この吉田松陰は含まれていない。同様に吉田の方も西郷との面識はなかったようである。長州藩士の来原《くるはら》良蔵が一八五五年に遊学を許された時、松陰は、近年軍備増強の成果著しい薩摩藩に行くことを勧めているが、同時に「彼《かの》藩、僕其人を知らずと雖《いえども》、青木医師など定《さだめ》て知るべし」とも記している（同前書、一九七頁）。松陰人脈の方でも、薩摩藩は欠落していたのである。

西郷と松陰に接点が見つからない一因は、松陰の「攘夷」論が長岡監物の「ぶらかし論」と違って、掛値なしのものだったからかもしれない。ペリーが翌年春の再来航を宣言して浦賀を去った一ヵ月後の一八五三年旧暦七月、松陰は国元の兄、杉梅太郎に次のように書き送っている。

「先般浦賀港へ来夷人《きたる》よりの上書、（中略）御熟覧、得《とく》と虜情〔化外の民の事情〕御考え合せ成らるべく候。拙奴は、扨《さて》も〳〵天下の事今日と成り来り候はと、且《かつ》悲しみ、且憤り候のみに御座候。（中略）天朝・幕府にても天下万世の為を思召し、此事御許允は断《だんじ》て之あるまじければ、是非とも明春は一戦に相定め申候。」（同前書、一〇〇頁。傍点筆者）

もっとも、佐久間象山に師事して西洋兵学を学んだ吉田松陰は、不得手の海戦だけではなく、日本人が威張ってきた陸戦においても、アメリカ軍に惨敗することは十分に承知していた。それでも松陰は、「来春の一戦、群臣の屍を原野に横たうるは、二百年の大恩に報ずる為なれば、更に惜しむべきにもあらず」と言い切るのである（同前書、一〇二頁）。

このような敗けを覚悟の攘夷決行を、松陰は松下村塾に学ぶ長州藩士たちに直接呼びかけ続けていた。この五年後の日米修好通商条約の調印の前にも、品川弥二郎《しながわやじろう》を松下村塾に呼びつけ、天皇が幕府に攘夷を命じ、幕府がそれを長州藩に命じた時には、塾生一同日頃の学習の成果を見せるよう、指示している（同前書、二三〇〜二三一頁）。

松陰が品川弥二郎（当時一六歳）を松下村塾に呼びつけた一八五八年旧暦四月の頃は、水戸、尾張、越前、薩摩、肥後などの有力大名が、「攘夷」ではなく幕政改革（一橋慶喜を次期将軍に推す改革）に専念していた時である。先の西郷の「有志」リストに長州藩家老の益田弾正の名が挙《あが》っていることから、長州藩の上層部もこの改革を支持していたと推測できよう。吉田松陰の影響下にあった長州藩士だけが、この幕政改革を攘夷断行のためのものと位置づけていたのである。

上層武士の幕政改革運動

西郷と吉田に接触の跡が見られないもう一つの理由として、西郷が大久保利通に遺した八名の「有志」のうち、七名が家老やそれに準ずる上層武士だったことが、考えられる。西郷自身はすでに記したように、薩摩藩士の八階級の七番目の下級武士であったが、彼と同じような下級武士は、八人のなかで越前藩士の橋本左内（二五石五人扶持《ふち》）だけであった。

他の七人について見れば武田耕雲斎は水戸藩の若年寄、安島帯刀は同藩家老、中根雪江は橋本左内と同じく越前藩士であるが、その家禄は橋本の二八倍の七〇〇石であった。長岡監物は肥後（熊本）藩の家老で、益田弾正は長州藩の家老であり、大久保要は土浦藩の公用人、田宮如雲は尾張藩の城代家老で、家禄一五〇〇石をもらっていた。

薩摩藩の最下級の藩士であった西郷隆盛が「有志」と呼んだのは、水戸、越前、肥後、長州、土浦、尾張の家老級の藩士だったのである。

このことから見えてくるのは、一八五七、五八年の一橋慶喜擁立運動の中心にあった薩摩藩の島津斉彬が、その庭方役をつとめる最下級の藩士西郷隆盛に命じて、有力藩の家老級の藩士との連絡に当らせた姿である。越前藩主松平慶永は島津斉彬とともにこの運動の中心にいたから、同藩最下級の藩士だった橋本左内も、西郷と同じ役目を果していたものと思われる。長州藩における西郷の「有志」が、家老で一万二〇〇〇石の益田弾正で、藩邸亡命の罪で五七石の家禄さえ奪われていた下級武士の吉田松陰ではなかった一因は、ここにもあったのではなかろうか。

一八五七、五八年の有力大名たちの一橋慶喜擁立運動にとって、「攘夷」にこだわる元長州藩下級武士の吉田松陰は、「有志」として相応《ふさわ》しくなかったのである。

第二章　安政の大獄と西郷隆盛

1　先達の挫折と西郷の登場

島津斉彬の信任

ペリーの最初の来航に際して持論の攘夷論や海防論が役に立たなかった者たちは、自嘲的な気分に浸っていた。老中阿部《あべ》正弘《まさひろ》からアメリカ大統領の国書受領の是非を問われた水戸の徳川斉昭《なりあき》は、「拙老の憂苦建白せる事ども、御採用相成らざれば、今更如何ともすべきようなし」と返答している（『徳川慶喜公伝』第一巻、一二三頁）。また、吉田松陰によれば、同じ頃佐久間象山も次のように述べたという。

「事斯《ここ》に及ぶは知《しれ》たこと故、先年より船と砲との事やかましく申したるに聞かれず、今は陸戦にて手詰《てづめ》の勝負外《ほか》手段之なしとの事なり。何分太平を頼み、余り腹つづみをうちおると、事ここに至り、大狼狽の体《てい》、憐むべし、憐むべし。」（一八五三年旧暦六月六日付吉田松陰書簡、『日本思想大系』第五四巻、九一頁。傍点筆者）

アヘン戦争時の一八四二年に「異国船打払令」を撤廃したこともあって、ペリー来航時の日本の防衛施設は、きわめて貧弱なものであった。江戸防衛の要《かなめ》であった相模湾と房総半島ですら、一キロメートルに二、三台の旧式の大砲があるだけで、数少ない洋式大砲は、弾丸や火薬の備えが不足していた。他方、「大船建造の禁」のため、ペリー艦隊を迎え討てるような軍艦は一隻もなかった（『徳川慶喜公伝』第一巻、一三〇〜一三二頁）。

すでに記したように、会沢安や佐久間象山は、それぞれの藩主を通して、砲台や軍艦の建築建造を訴えつづけてきた。しかし、彼らの提案はまったく相手にされないままに、一八五三年のペリー艦隊の来航を迎えたのである。必要なのは海防策ではなく、それを実現できる政治体制の構築の方であることが、明らかになったのである。西郷隆盛が藩主島津斉彬《なりあきら》の信任を得て政治の舞台に登場するのは、このような時であった。

島津斉彬

一八五一年に四三歳で藩主になるまで、島津斉彬は外様大藩の世子（後継者）として長く江戸に滞在した。参勤交代の制により、正夫人と世子は江戸滞在を義務づけられていたのである。その間に斉彬は、水戸の徳川斉昭や越前の松平慶永《よしなが》だけではなく、幕府内開明派の中堅官僚とも交流を深めていた。ペリー来航に際して対米交渉の重任を背負った海防掛の岩瀬忠震、大久保忠寛、勘定奉行の川路聖謨らがそれである。

「攘夷論」の斉昭やその家臣藤田東湖、戸田忠敞《とだただたか》らとも、「開国論」の越前藩主や幕府の中堅とも交流のあった島津斉彬が、藩主としてはじめて参勤交代で江戸に着いたのは、最初のペリー来航の翌年だった。このことは、斉彬にも西郷にも有利に働いた。「攘夷」か「開国」かを一旦棚上げにして、そのどちらに決ってもそれを実行しうるように、朝廷、幕府、親藩、譜代、外様大名の協力体制を作り上げるのに、薩摩藩主は最適の存在だったのである。

その斉彬の信頼を受け、水戸、尾張、越前、肥後、長州などの諸藩の家老級の重臣との交流を深めたのが西郷隆盛で、その成果がすでに第一章で記した西郷の「有志」リストである。当初は斉彬の名代としての関係だったものが、互いに信頼し合う「有志」に発展していったのは、西郷の器量の大きさによるところが大きかったと思われる。しかし同時に、この時期の薩摩藩が藩外との交渉役を一人に絞る方式を採っていたことも、西郷の「有志」作りに役立ったようである。後に西郷が奄美大島に身を隠して以後は、吉井友実《よしいともざね》が西郷と同じような役割を江戸藩邸で果している。

「開国改幕」か「開国佐幕」か

「はじめに」で記したように西郷は、一八五八年の日米修好通商条約の調印に際して、開国か鎖国かの問題にはあまり関心がなかった。これはひとり西郷だけに限られた態度ではなかった。幕末政治史研究の第一人者であった故佐藤誠三郎氏は、「管見の限りでは、当時雄藩藩主層が条約勅許拒否を朝廷に入説《にゅうぜい》したことを示す確実な史料は存在しない。かれらの多くは、当時すでに通商条約を少くともやむをえないものとして容認していた」、と分析している（佐藤誠三郎「幕末における政治的対立の特質」、『日本思想大系』第五六巻、五七二頁）。

また、「一橋世子〔慶喜〕派、即ち一大革新を行わんと欲するもの」（本書、四頁）を病弱の将軍家定《いえさだ》の後継者とすることを最重視したのも、ひとり西郷に限らなかった。佐藤氏も、「慶喜擁立の主張者にとっては、通商条約への賛否よりは慶喜擁立の方がより重要だったのである」として、その一例として肥後藩家老長岡監物の次のような主張を挙げている。

「根本其君を得と得ざるとに之れ有り、天下の興廃此一挙に係り候。（中略）余は皆枝葉の事にて論ずるに足らず」（佐藤前掲論文、五七二頁より再引用）

すでに第一章で見たように、長岡監物は水戸の徳川斉昭の崇拝者で、西郷の「有志」の一人であった。

よく知られているように、このような一橋慶喜を将軍後継者にしようとする工作の前に立ち塞がったのは、大老井伊直弼《いいなおすけ》を中心とする譜代大名であった。彼らは一六〇〇年の関ケ原の戦の前から徳川家康に仕えた三河武士の後継者であり、禄高は御三家、親藩、外様雄藩よりもはるかに低かったが、老中と若年寄という幕府権力の中枢を握っていた。具体的に言えば、大老井伊直弼の彦根藩三五万石を唯一の例外として、四、五人の老中は一〇万石前後、四、五人の若年寄は一、二万石であった。薩摩藩の七七万石、越前藩の三二万石、土佐藩の二四万石とくらべてみれば、譜代と親藩や外様との禄高の違いは明らかであろう。

当然のことながら、幕府の中枢を握る中小大名は、「開国」には積極的でも、幕府改革には消極的であった。これに対して、領地の規模では老中や若年寄をはるかにしのぐ親藩や外様雄藩は、「開国」に関しては幕府を支持しても、対外関係の大転換を利して幕政への影響力を強めたいと思っていた。いわば「開国佐幕」と「開国改幕」が対立していたのである。

この対立の極点に、井伊直弼の「安政の大獄」を位置づけるのは容易である。しかし、この二大勢力の外側にあった諸勢力の動向も「安政の大獄」と密接に関係していた。

その一つに、譜代大名が握る老中と若年寄の下にあった、大目付、目付、三奉行の動向がある。大目付以下の幕府役人は旗本から任命されるが、一万石未満を条件とする旗本は、老中はもとより若年寄に昇進することもできなかった。今日風に言えば、大目付、目付、諸奉行はノン・キャリア用のポストだったのである。

こう言えば、一八世紀の幕府も二一世紀の霞が関も同じ官僚制を持っていたように響くかもしれない。しかし、後者のキャリアとノン・キャリアとは、少くとも国家公務員試験によって分かれる。もちろん社会学的分析によれば、学歴そのものが親の貧富によって規定されているから、「試験」が才能や努力だけによって左右されているわけではない。しかし、前者の江戸時代の官僚には、「試験」すらなかった。親が旗本ならば、才能や努力に無関係に、その頂点は大目付止りだったのである。

「格差社会」としての江戸時代

幕府の中央官僚以上に、各藩の武士は、家の格によって細分化され、しかも固定されていたことは、すでに西郷隆盛を事例に明らかにした。一八六四（元治元）年旧暦九月に、幕府と倒幕派をそれぞれ代表する二人の英雄、勝海舟と西郷隆盛がはじめて会見したという見方は、成功した明治維新から過去を振り返ったものである。同じ会見を幕末政治史の側から見てくれれば、硬直した幕府と諸藩の身分制度の下で悪戦苦闘してきた二人の指導者が、そろそろこんな制度は壊しましょうよ、と話し合っている姿が浮んでくる。

もちろん、この会見でそこまでの話し合いは行われていない。二人は、勝と同じく旗本だった大久保一翁が提唱する封建二院制（後述）に共鳴したにすぎない。

しかし、筆者があえてこのような仮想的な会談の内容を想像するのには、二つの理由がある。

第一に、江戸時代というのは、今日の私たちには想像できないような「格差社会」だったことを強調したい。三〇〇近い大名には、一〇二万石から一万石までの格差があった。その上各藩の内部には、先に薩摩藩について見たような何段階もの武士の階級があった。また、幕府の要職の間の格差についてはすでに記したが、五〇〇〇人を超える旗本のすべてが海舟のように奉行になれたわけではない。想像を絶する格差が、「士農工商」の「士」のなかだけでも存在したのである。

近年、二一世紀の日本を「格差社会」と位置づける言論が盛んである。筆者自身も〝ムダを省いた小さな福祉国家〟で格差を縮めよと主張してきた。しかし、そのためのモデルとして江戸時代をかかげる言論には、賛同できない。二五〇年余にわたる江戸時代は、極端な格差社会だった上に、無数の格差間の流動性がまったくない、とんでもない社会だったからである。

旧体制の崩壊

勝海舟と西郷隆盛の会談に存在しなかった内容を空想する第二の理由は、「改革→革命」としての明治維新の大前提として、「旧体制の崩壊」があったことを強調したいからである。

筆者は前著『日本近代史』（ちくま新書）で、一八五七年から一九三七年までの八〇年間の日本近代史を、改革→革命→建設→運用→再編→危機の六段階に分けた上で、第七段階としての「崩壊」の時代（一九三七〜一九四五年）を想定した。いわばこの八〇年間を、「興」に始まり「亡」に終る「興亡」の歴史として描いたのである。

しかし、当然のことながら、「興」の前には「亡」があった。二五〇年余にわたって日本を支配してきた旧体制・徳川幕藩体制は内外両面から崩壊しはじめていたのである。

「崩壊」の兆候は、第一章で見た一八二五年の「異国船打払令」に際しての幕府の身内からの不満にあった。すでに幕府には「大船建造の禁」があり、それを撤廃しないで異国船を打払うには、海に接していない一二ヵ国を除く五六ヵ国のすべてに砲台を造らなければならない。そんなことは不可能なだけではなく、蒸気船時代に入っていた欧米艦隊に対してはまったく効力がない。唯一の対抗策は日本の側も蒸気船を建造することであるが、幕府は「大船建造の禁」を撤廃する気はまったくなかった。この堂々回《めぐ》りに徳川御三家の一つの水戸藩が気づいた時、「崩壊」か「改革」かが幕末政治の中心課題になってきたのである。

一八四二年にアヘン戦争で清国がイギリスに敗れた時の幕府の対応も、すでに記したように、ちぐはぐもいいところであった。本来なら「異国船打払令」を強化して、それに加えて「大船建造の禁」を廃止するのが、幕府の採るべき途《みち》だったはずである。いつイギリスと一戦するかは状況を見なければ決められないとしても、前者の強化で砲台を造り、後者の廃止で各藩に軍艦を造らせることは急務だったはずである。しかるに幕府は正反対の処置に出た。軍艦建造の途を採らなかっただけではなく、「異国船打払令」を廃止して砲台建築の方にもブレーキをかけてしまったのである。

「崩壊」に拍車をかけた「安政の大獄」

歴史学者の間には存在しない「俗説」が、言論界をはじめとする各界のエリートの間で信じられていることが多い。その一つに「安政の大獄」がある。有力諸藩の藩士たちが京都の朝廷に、大老井伊直弼の日米修好通商条約の調印は、朝廷の許可なく「鎖国」の祖法を破ったものである（「違勅調印」）と訴えたので、世界の大勢に通じ「開国」の必要を確信していた井伊が、これら保守的な「攘夷論者」を一掃したのが、「安政の大獄」であるという「俗説」を、よく眼にする。

この俗説によれば、西郷隆盛の八人の「有志」の一人、越前藩士橋本左内は、攘夷の決行を朝廷に訴えたために、一八五九年旧暦一〇月に死刑に処せられたことになる。

しかし、橋本左内が藩主松平慶永の意を受けて京都に上って朝廷工作に奔走したのは、幕府の条約調印に朝廷を同意させるためであり、欧米諸国の交易要求はそれなりに理に適《かな》ったもので、それを断って一戦するのは、道理に反するばかりではなく、軍事的にも亡国の途であると説得するためであった（一八五八年旧暦二月、内大臣三条実万《さねつむ》宛橋本左内呈書、『日本思想大系』第五五巻、五五一〜五五六頁）。この「呈書」のなかで左内は、幕府は開祖家康以来「尊王」につとめてきたのだから、近年俄《にわ》かに「尊王」を鼓吹しはじめた攘夷論者などと同一視すべきではない、とまで主張している。彼は日米修好通商条約の内容と、その調印に踏み切った幕府の決断とをともに支持し、その観点から朝廷工作に当っていたのである。

三者三様の思惑

井伊大老による「安政の大獄」が「開国派」による「開国派」の弾圧であり、本当の対立は第一三代将軍の跡目争いにあったことは、すでに記した。対外危機に対応するためには、幕府だけではなく、親藩や外様の有力大名を含めた挙国一致体制が必要であるとするものたちが、水戸藩主の実子である一橋慶喜の擁立を朝廷に働きかけ、譜代大名を中心とする幕府がそれに対抗して紀州藩主徳川慶福《とくがわよしとみ》（家茂《いえもち》）を擁立しようとしたのである。

将軍の跡目争いが、一橋擁立派の大弾圧に発展した理由は二つあった。

その一つは、一橋擁立派が将軍後継者について朝廷の勅許を得ようとしたことにある。他方幕府は日米修好通商条約の勅許を朝廷に求めていた。この二つの勅許工作が錯綜したのである。

幕府側は、簡単に朝廷が承認するものと思っていた条約に勅許がなかなか下りないのは、一橋擁立派の朝廷工作のせいだと考えた。反対に一橋派は、条約の勅許獲得を急ぐ幕府は、朝廷が一橋慶喜を将軍後継者に推せば、それを受け容れざるをえないと踏んでいた。

このような状況を、無力ながら権威だけはあった朝廷も読み誤った。海外事情に暗く「開国」を嫌悪した公卿たちは、同時に親藩や外様大名の政治体制改革の動きにも鈍感であった。彼らは、一橋慶喜を第一四代将軍に推す親藩や外様大名は、自分たちと同じ「鎖国」論者だと思い込み、幕府が求める条約調印への勅許を拒んだのである（以上、佐藤前掲論文、五六七～五七三頁による）。

この国内の三巴《みつどもえ》の政治対立に、条約の調印を迫るアメリカ総領事の圧力を加えて見れば、幕府の中枢を握る井伊直弼は、内圧と外圧に同時に直面したことになる。

一八五八年旧暦四月に大老に就任した譜代最大の大名井伊直弼は、天皇の勅許を待たずに日米修好通商条約の調印を強行し、紀州藩主徳川慶福を将軍家定の世子として公表した（六月）。その直後に幕府は、御三家の一つ水戸藩の前藩主（徳川斉昭）に謹慎を、同じく御三家の尾張藩主（徳川慶勝）と親藩の越前藩主（松平慶永）に隠居を、一橋家当主（一橋慶喜）に登城停止を命じた。

この時に幕府が口実にしたものが、彼らが慶喜擁立の勅許を朝廷から得ようと工作したことであったから、条約調印のために粉骨砕身しながらも慶喜に期待をかけていた岩瀬忠震、永井尚志《ながいなおゆき》、川路聖謨らの幕府中堅幹部（先記の奉行クラス）も処分の対象とされ、お役御免のうえ隠居を申し渡された。さらに越前藩士の橋本左内、長州藩元藩士の吉田松陰は死罪、土浦藩の大久保要は永押込《えいおしこめ》（自宅謹慎）の処分を受けた。「開国」の是非ではなく、一橋慶喜擁立運動への加担が処罰の理由になっていることは、「安政の大獄」の性格を識《し》るうえで重要である。

しかし、西郷隆盛を主人公とする本書にとって重要なのは、すでに第一章で記した西郷隆盛の「有志」八名中の三名が、慶喜擁立運動の罪で処罰されていることである。水戸藩家老の安島《あじま》帯刀《たてわき》は切腹、越前藩士橋本左内は死罪、土浦藩士大久保要は永押込に処せられたのである。

2 西郷と「留守薩摩」

「留守政府」

西郷隆盛が有名なのは、岩倉使節団欧米視察中の「留守政府」を預り、明治六（一八七三）年に「征韓論」を唱えて下野したことによってである。この時には西郷率いる「留守政府」は明らかに時代遅れになっていた。

しかし、幕末の一八五九年から六四年までの五年間は、話がまったく逆であった。奄美大島、徳之島、沖永良部島《おきのえらぶじま》と五年にわたって西郷が流されていた間の「留守薩摩」が、島津斉彬と西郷隆盛が築いてきた改革路線から、明らかに後退したのである。その結果が、一八六三年から六四年にかけての、薩摩と長州の正面衝突であった。本来ならともに手を携えて、完全に時代遅れになっていた幕府を倒すべき両藩が、幕府を捨て置いて激突してしまったのである。

西郷は、一八五九年初めに奄美大島に身を隠した時から、斉彬と彼のいない薩摩藩が、そのような方向に向かうことを危惧していた。斉彬なき後の事実上の藩主島津《しまづ》久光《ひさみつ》と、西郷なき後の薩摩の下級武士を統率する大久保利通が、他の親藩や外様諸藩との連携なしに行動する危険を察知していたのである。長州藩家老の益田弾正を含む五大藩などの有志八名の名前を大久保に書き送ったのは、このためである。

この時西郷は、「攘夷」・「開国」の垣根を越えた「有志」の名を大久保に告げただけではなかった。有力諸藩の連合なくして薩摩と肥後だけで行動を起こす愚を戒めていたのである。

薩摩藩江戸屋敷に在駐する堀仲左衛門（伊地知貞馨《いじちさだか》）から肥後藩有志決断の報があれば、自分をはじめとする薩摩藩下級武士も決起するという大久保の手紙に対し、西郷は次のように返答している。

「堀より肥藩の決心一左右《いっそう》〔一報〕到来云々。

按ずるに、弥々《いよいよ》決心候ても、越〔前〕え一往の返事承《しょうかい》届候わで事を挙げ候儀は、決して仕るまじく、越と事を合せて操《(ママ)》出し申すべき儀と相考え申し候。」(『西郷隆盛伝』第二巻、五頁)

一橋慶喜を担いで幕府の体制改革をめざした親藩の越前藩との連携を、西郷は最重視していたのである。

西郷が重視していたのは、外様の薩摩藩と徳川親藩の越前藩の連携だけではなかった。彼はさらに、筑前(福岡)、因州(鳥取)、長州の三藩との共同行動を、大久保に説いている。先の「肥藩の決心」の一文をこれに加えれば、西郷はまず、薩摩、肥後、越前三藩の結束を重視し、ついで福岡、鳥取、長州の三藩との連携を大久保に忠告しているのである。

一藩だけでの単独行動(この場合は肥後と薩摩だけでの行動)を避けよという西郷の忠告は、両藩の有志だけでの決死の行動を諫《いさ》めることと表裏していた。大目的のためには死を怖れないが、犬死は志士のすることではないという大久保への忠告は、次の一文によく表われている。すなわち、

「事を挙ぐるの機会十分相調《ととのい》候わば、兼々《かねがね》格護の事、急に御突出願い奉り候。其節遅疑《ちぎ》仕り候儀は忠義の人に之なく候。併《しかし》機会を見合せ候わで、只《ただ》ゝ死を遂《とげ》さえいたし候えば忠臣と心得候儀、甚《はなはだ》以て悪しく御座候（下略）」（同前書同巻、五〜六頁）

犬死を嫌う西郷は、大義のためなら、自分はもちろん、同志を見殺しにする覚悟であった。同志が殺されたからといって、先に記した三藩もしくは六藩の提携ができていない場合には、事を起こしてはならないと言うのである。

江戸在住の同志堀仲左衛門に幕吏の手が及んだ場合には、同志とともに決起するという大久保を、西郷は次のように諭している。

「按ずるに、盟中の人、難に相掛り候とて、無謀の大難を引出し候事、有志の為《な》すべき儀に御座候や。大小の弁別を分《わきま》えざる事と相考申し候。（中略）堀も何の為に奔走仕り候や、其心志を御取り下され度《たし》。死を決して天朝の御為めに尽すにあらずや。左《さ》候えば、其志を受続《うけつぐ》ことは、盟中の盟たる大本と相考申し候。」（同前書同巻、六頁）

西郷が五年余に及ぶ遠島に耐えて、明治維新の達成に尽力できた胆力がわかるような一文である。

以上により明らかなように、安政の大獄の前と後において西郷は、有力諸大名の連合が天皇を頂点に戴いて幕府の体制を改革する、という方針で一貫していた。この時点ではまだ「倒幕」までは考えていなかったとしても、有力諸大名の合議による「王政復古」がめざされていたことは、「盟中」の同志の目標が「天朝の御為めに尽す」ことにあるという一文に明らかであろう。同時にまた、有力諸大名による「王政復古」が、西郷や大久保や堀のような下級武士の活動によってはじめて可能になることも、西郷は自覚していた。有力諸大名による「上院」と、下級武士の活動家による「下院」の二院制議会の原型は、西郷が奄美大島に身を隠す以前に、できあがっていたのである。

保護か流刑か

西郷が奄美大島に向けて鹿児島を発ったのは、安政五年一二月三〇日（西洋暦一八五九年二月二日）である。

清水寺の住職で左大臣（当時）近衛《このえ》忠熙《ただひろ》の側近だった僧月照《げっしょう》とともに、前月、安政の大獄の難を逃れようとした結果、月照は水死し、西郷のみ薩摩藩内の大島に身を隠したのである。

奄美大島での住居跡

当面の問題としては、西郷は薩摩藩によって流刑に処せられたのではない。幕府の追及から西郷を守るために、藩が彼を大島に渡らせたのである。事実、藩庁は西郷を「菊地源吾」と改名させて、一定の給料を与えていた（同前書第一巻、一四六〜一四七頁）。しかし、その後三年余にわたって鹿児島に帰れなかったことは、事実上の遠島だった可能性も示唆している。西郷自身も大島の役人に、「遠嶋人（中略）同様にいたされ、たまり兼《かね》候儀に之あり、困り居り候事に御座候」と訴えている（同前書第二巻、三三頁）。具体的に言えば、米は給付されても、鍋釜から薪・油・塩までの支給がないことに、「遠嶋人同様」と憤っていたのである（同前書同巻、同頁）。もっとも二月一三日付の大久保への手紙では、「朝暮の飯は自分にいたし候えども何も苦も之なく、心配するような事も之なし」と記しているから、鍋釜、薪、油、塩などは支給されるようになったと思われる（『大久保利通関係文書』第三巻、二八五頁）。それにしても、奄美大島の小屋に住んで、自分で食事を作っている姿を、明治維新の英雄としての西郷に重ね合わせるのは容易ではない。

しかし、大島での三年間は、西郷にとっては、受難のはじまりにすぎなかった。本当の受難は、その先に待っていたのである。

西郷留守中の薩摩藩

西郷が大島に流されていた丸三年間に、薩摩藩内や京都や江戸で何が起っていたかは、その伝記筆者の勝田孫弥よりも、京大名誉教授の佐々木克《すぐる》氏の方が詳しい。佐々木氏の『幕末政治と薩摩藩』（吉川弘文館）は、この三年間の政治を薩摩藩を中心に実証的に描きつくしている。本書でのこの三年間の叙述はほとんどこの労作に依拠したものであるが、僭《せん》越《えつ》ながらその「解釈」は、佐々木氏と正反対である。極言すれば解釈の相違は、西郷隆盛が好きか大久保利通が好きかという、幕末維新史の主人公に対する歴史学者の好みの違いからくるものである。そしてその背後には、幕末薩摩藩の頂点に位した島津斉彬と島津久光の評価の相違がある。明治日本を十分な知識をもって導けたはずの西郷隆盛を、一八五九年初めから丸五年間流刑に処した島津久光には嫌悪の情しか湧いてこないし、その久光に忠勤を励んだこの五年間の大久保利通にも、筆者は好感をもてない。

薩摩藩主島津《しまづ》茂久《もちひさ》（忠義《ただよし》）が大久保利通ら約五〇名（名前の分っている者は西郷を含めて四八名）を「誠忠士の面々」と認めたのは、西郷の大島渡海から一〇ヵ月以上経った、一八五九年旧暦一一月のことである（佐々木克『幕末政治と薩摩藩』二六頁）。佐々木氏によれば、この約五〇名は大島渡海直前に西郷を中心に結ばれた同志で、その脱藩上京計画、いわゆる「突出」も、渡海前の西郷の「義兵計画」の実現をめざしたものだったという（同前書、二五頁）。

しかし、一一ヵ月前に大島に渡る時に西郷が大久保に送った、軽挙妄動を戒める手紙を先に紹介した筆者には、西郷の有力藩と合同しての「義兵」と、薩摩藩急進派だけが「脱藩」して京都に上って事を起こすという大久保らの「突出」とは、レベルの違ったものに映る。

しかも大久保ら約五〇名の急進派は、島津久光や茂久（藩主）の説得で、「突出」計画を放棄しただけではなく、他藩有志との横断的結合も放棄した。藩主と誠忠組が、薩摩藩単独での「挙藩勤王」路線で一致したのである（同前書、四九〜五〇頁）。

この「挙藩勤王」路線が一種の「藩是」となったのは、一八六〇（万延元）年旧暦三月の井伊直弼暗殺前後のことであるが、それが島津久光の率兵上京計画に具体化していくのは、翌六一（文久元）年一〇月に「皇女和宮」が将軍家茂《いえもち》の正室として江戸に下向した頃のことである（同前書、七四〜七五頁）。

西郷隆盛を主人公とする本書にとって重要なことは、二つある。

第一は、今や実質上の藩主となった久光が率兵上京に当り、「尊王攘夷」を唱えて「四方に交りを結」ぶ「各国有志と相唱え候者共」との交際を厳禁し、禁を破った者は「遠慮なく罪科申付」けるとの「諭書」を、薩摩藩士に下したことである（同前書、七九～八〇頁）。前章で記した西郷隆盛の八人の「有志」との横断的結合は、薩摩藩によって厳禁されたのである。もちろん具体的、個別的に言えば、この八人の「有志」のうち四人はすでに他界していたが、重要なのは他藩の有志との横断的結合という西郷の構想と実践とが、薩摩藩によって全否定されたという点である。

第二に、西郷構想を全否定した薩摩藩が、事もあろうにその西郷を大島から召還したことである。この召還には大久保利通ら誠忠組の熱心な働きかけがあったのは事実である。しかし、三年前の大島渡海に当って西郷が言い遺したことを大久保らが覚えていたら、このようなタイミングで西郷を召還することはなかったであろう。有力大名とその有力家臣との二重の連携を重視する西郷を、薩摩藩単独での出兵上京と他藩有志との横断的結合の禁止とを久光が決断した時に召還したら、どういう事態になるかを大久保らはまったく考えなかったのであろうか。

久光と西郷の衝突

西郷が赦されて大島から鹿児島に戻ったのが一八六二（文久二）年旧暦二月一二日、その西郷が久光の怒りを買って、今度は正式に流刑に処せられたのが四月一一日である。このわずか二ヵ月の間に何があったのであろうか。

鹿児島に戻されたわずか三日後の二月一五日、西郷は久光に呼び出された。その時西郷は次のように述べたという。幕末の手紙は読みやすくはないので、その要点は後で箇条書きにして説明する。ただ、この会見が原因で、明治維新の英雄西郷隆盛がこれから丸二年間、今度は本当に石牢生活を送らされたと思うと、筆者としては引用を省くわけにはゆかない。

島津久光（国会図書館蔵）

「只今の御手数は先公〔斉彬〕方遊ばされ候御跡を踏ませられ候御事にて、其時よりは時態も相変り、順聖公〔斉彬〕と一様には成されがたく、江戸においても御登城も六ケ《むつか》敷《しく》、諸侯方の御交りもいまだ之なく、一躰成され方相変り申さず候ては、弥《いよいよ》成し応じ候処見留め付き申さず。いずれ大藩の諸侯方御同論御成りなされ、合従連衡して其勢を以て成され申さず候ては相済むまじく、此御方様より京師御保護遊ばされ候て勅と一時に諸大名俄《にわか》に御登城に相成り、速座に御扱い成され候わでは、迚《とて》も出来申すまじく（中略）、若《もし》、合従連衡の策出来申さず候わば、固く御守り遊ばされ候処、相当の御所置にては御坐あるまじきや。（下略）」（『西郷隆盛伝』第二巻、四六～四七頁）

第一点は、西郷が心から仕えた島津斉彬とその異母弟で斉彬なき後の薩摩藩の実権を握った島津久光との貫目の違いの指摘である。先君斉彬と違って「諸侯方の御交りもいまだ之なく」と直言されて、久光が愉快だったはずはない。しかし、有力大名とも、その有力家臣とも面識がないという弱点は、久光だけではなく、誠忠組を代表して久光の側近になった大久保利通にも共通したものであった（佐々木前掲書、三六頁）。

第二点は、斉彬と西郷の持論であった、有力諸大名との横断的結合、すなわち「合従連衡」は、今の久光には実現不可能だというものである。第一点で指摘された貫目不足は、西郷の幕府改革論の根底にもかかわるものだったのである。

ちなみに、ここで久光に対して指摘している二点、貫目不足と基本構想不足は、同じ手紙のなかで西郷が大久保ら誠忠組の弱点として指摘している点と共通している。彼は誠忠組を次のように批判している。

「所謂《いわゆる》誠忠派と唱え候人々は、是迄屈し居り候ものの伸び候て、只上気に相成り、先ず一口に申せば世の中に酔い候塩梅《あんばい》、逆上いたし候摸様にて、口に勤王とさえ唱え候えば忠良のものと心得、さらば勤王は当時如何の処に手を付け候わば勤王に罷成《まかり》り候や、其道筋を問詰め候えば訳も分らぬ事にて、国家の大体さえ、ケ様《かよう》のものと明《あきら》めも出来ず、日本の大体はことという事も全く存知之なく、幕の形勢も存ぜず、諸国の事情も更に弁《わきま》え之なく、そうして天下の事を尽そうとは実に目暗蛇を出す〔不適切表現ながら原文のまま〕にて仕方もない儀に御座候。」（『西郷隆盛伝』第二巻、四四〜四五頁。傍点筆者）

第一点は第二点と関連しているが、さらに第三点として、薩摩藩単独で天皇の勅諚《ちょくじょう》をもらっても、有力大名の合意がなければ効果がないことが強調されている。引用文のなかでも一番わかりにくい、「勅と一時に諸大名俄に御登城に相成り、速座に御扱い成され候わでは、迚も出来申すまじく」の一文である。筆者の解釈では、この一文は、単独で出兵上京した久光だけに幕府改革（後述）の勅諚が下りた場合には、他の有力大名がそっぽを向いてしまう、という意味である。勅諚と有力大名の上京とは「一時に」行われなくてはならない、と西郷は久光に説いたのである。

久光が小松帯刀《こまつたてわき》や大久保利通を側近として約一千の兵を率いて鹿児島を出発したのは、その一ヵ月後の三月一六日で、京都に着いたのは四月一六日である。着京した久光が、薩摩単独で勅使を護衛して江戸に下り、幕府に、一橋慶喜を将軍後見職に、松平慶永を政事総裁職に任命することを認めさせたことは、有名である。しかし、この有名な決定が、西郷隆盛の意見を完全に無視して行われたこと、および、久光着京の直前の四月九日に西郷が身柄を拘束され、同月一一日に薩摩藩の汽船天祐丸に乗せられて、今度は本当の流刑者として大坂を出帆したことは、あまり知られていない。

よく知られているように、久光が幕政改革に一定の成果を挙げて同年閏《うるう》八月に帰京した時、朝廷は土佐藩や長州藩の「尊王攘夷」論に傾いていた。久光の幕政改革が薩摩藩の単独の軍事力で行われたことに対する両藩の反発と見れば、流刑に処せられた西郷の「合従連衡」論の方が正しかったことになる。

朝廷をめぐる薩摩藩と長州・土佐二藩の対立は、「開国」か「攘夷」かをめぐるものであった。実はこの点でも、久光や大久保と西郷の意見は対立していた。あるいはこの対立の方が西郷流刑の直接的な原因だったかもしれない。

先に第一章で記したように、一八五九年初めに大島に流される直前に、西郷が大久保に送った手紙のなかに記されていた八名の「有志」のなかには、「開国」派も「攘夷」派もいた。西郷の基本軸は「尊王」であり、それが「開国」とセットになろうと「攘夷」と結びつこうと、かまわなかったのである。

その八人の「有志」のうち、一八六二年に西郷が赦されて鹿児島に戻った時に生存していたのは、水戸藩の武田耕雲斎、越前藩の中根雪江、尾張藩の田宮如雲、長州藩の益田弾正の四人だけであった。

しかし、こういう人脈は評判となって死亡した四人の後継者たちによって受け継がれる。そして、これら後継者たちが、島津久光や大久保利通ではなく、大島から戻された西郷隆盛に期待していたことが、久光による西郷流刑をもたらした。なかでも、久光の単独出兵、幕府改革を、「天下の大勢を知らざる僻論」と罵倒した(佐藤誠三郎ほか編『日本思想大系』第五六巻、二六二～二六三頁)福岡藩浪人平野国臣《ひらのくにおみ》と西郷が、三月二六日に大坂で会談したことが、久光を激怒させた。

もっとも平野は、久光の率兵上京自体は歓迎していた。彼は、薩摩藩一千の兵に朝廷が倒幕の勅諚を下し、在坂、在京の浪士がこれに加わり、大坂城、彦根城、二条城から幕兵を追い払うことを期待していたのである。

久光の上京目的と平野の挙兵論との最大の相違点は「公武合体」か「倒幕」かにあった。平野は、「一橋を将軍とし、越前を後見として、其外然るべき人材を撰《えら》みて有司とし、幕府を扶《たす》け、以て外寇を攘《はら》う」という、久光や大久保の「公武合体」論は、四年前の安政の大獄以前の議論であり、幕府がすでに救いようのない崩壊の途を辿っている今日には通用しない、と論じていたのである（同前書、二六二頁。一八六二年旧暦一月の薩摩藩士への書簡）。

そのような平野が在坂の西郷隆盛を訪ねたのが三月二六日で、すでに久光が薩摩藩士に、「尊王攘夷」を名とする「各国有志と相唱え候者共」とは「一切相交らざる」よう命じ、この命令に背いた者には「遠慮なく罪科申付」けると明言した直後のことである（佐々木前掲書、七九〜八〇頁）。

このことから、薩摩藩内限りの問題としては、久光が西郷を流刑したことを正当化することはできる。しかし、明治維新に向う流れのなかで考えれば、明らかに西郷の方が正しかった。殿様の一存で藩論が決まり、殿様の一存で有能な家臣が裁判もなしに流刑に処せられるような制度の下ではペリー来航以後の外圧に対応できないからこそ、幕政や藩政の改革が必要となってきたのである。将軍家茂に後見職（一橋慶喜）や政事総裁職（松平慶永）を付ける前に、久光自身に後見職や政事総裁職を付ける必要があったのである。一八六二年と言えば、ペリー来航からすでに九年も経っており、明治維新まであと六年足らずである。そのような時に、朝廷と幕府が薩摩藩の仲介で協力体制をつくって（「公武合体」）「開国」路線を鮮明にしても、朝廷や長州藩を中心とする「尊王攘夷」論者を抑え込むことは不可能であった。

　西郷が久光の命令を知りながら「尊王」論で有名な平野国臣と会談したのは、「尊王攘夷」論者をも味方につけるためであり、平野が西郷に会見を求めたのは、薩摩藩を嫌う彼ら「尊王攘夷」論者の間でも、西郷だけは別格扱いだったためである。そのことは、徳之島に流される途中で木場《こば》伝内《でんない》に送った先の西郷書簡の次の箇所から明らかである。重要な論点なので、やや長文の引用を我慢していただきたい。

　「同〔三月〕二十六日大坂え着いたし候処（中略）、諸方の浪人都《すべ》て堀〔伊地知貞馨〕計《ばかり》を以て御屋敷え御潜め相成居り候□（不明）にて、筑前浪人平野次郎〔国臣〕と申すもの、此以前、月照和尚の供いたし御国元〔薩摩〕え参り臨終の時も同敷罷在《おなじくまかりあり》候人にて、夫《それ》より方々え徘徊いたし、周旋奔走勤王の為尽力いたし、艱難辛苦を経《へ》候人に御坐候。
　右の者至極決心いたし居り候故、又其方と死を共に致すべき我等に相成り候、いずれ決策相立て候て共に戦死致すべしと申し置候。勿論皆死地の兵にて、生国を捨て父母妻子に離れ、泉公〔久光〕の御志あらせられ候段慕い奉り出掛け候に付き、都《すべ》てケ《か》様《よう》に申し候ては自負の様御坐候えども、我をあてにいたし出で候故、我死地に入らず候ては死地の兵を扱う事出来申すまじく（下略）」（『西郷隆盛伝』第二巻、四九～五〇頁。傍点筆者）

これによれば、平野国臣は、西郷が先君斉彬の命により朝廷工作をしていた時の同志で、有名な入水事件で死生を分けた僧月照の葬いに西郷と同席した人物だったことになる。その平野が西郷の赦免を知って大坂に駆けつけた時に、久光の厳命を理由に面会を断わることは、西郷の性格上できない相談であった。また引用文中の「自負の様御坐候えども、我をあてにいたし出で候故」の一文は、「尊王攘夷」の志士の間で西郷の人望がいかに高かったかを物語っている。

以上により明らかなように、これ以後二年間に及ぶ、徳之島、沖永良部島への西郷の流刑は、藩主の実父島津久光の無知と傲慢から出たもので、西郷を主人公とする本書の筆者には、とても許せる処置ではない。

しかし、視点をかえて、今筆者は、約二六〇年続いてきた徳川幕藩体制の崩壊期を描いていることを思い出せば、暗愚な将軍や大老と暗愚な大名の存在は、いわば当然であった。彼らは「旧体制」を象徴する人物だったのである。「新体制」をめざす変革者が、「旧体制」を守ろうとする大名によって弾圧された代表的事例が、島津久光による五年余にも及ぶ西郷の流刑だったのである。

第三章　西郷の復権

1　流刑中の中央政治

政治の両極分解

一八五九年の一度目の流刑に際しても、一八六二年の二度目の本格的な流刑の時にも、西郷の主張は明確であり、また一貫していた。「合従連衡」、すなわち朝廷と幕府と有力諸大名とその有力家臣による挙国一致体制の樹立であり、その最大の障害となる「開国」・「攘夷」の対立を封印することが、西郷の一貫した主張だったのである。

これに対して、西郷を徳之島から沖永良部島に閉じ込めた島津久光がめざしたものは、朝廷と幕府と薩摩藩による「公武合体」であり、「開国」を国是としようとするものであった。四年前に前藩主島津斉彬がめざした一橋慶喜擁立運動から有力諸藩の連合が完全に抜け落ち、一橋慶喜の将軍後見職就任、松平慶永（前越前藩主）の政事総裁職就任だけが残ったに過ぎないものだったのである。

久光が「開国」論者であったことは、一八六二年閏八月二一日の天皇への奉答によって明らかである（西洋暦一〇月一四日）。勅使大原重徳《おおはらしげとみ》を擁して江戸に上り、後見職、政事総裁職の設置を幕府に認めさせて京都に戻った直後のものである。彼は次のように論じている。

「攘夷の儀は、方今の一大重事にて、公武〔朝廷と幕府〕御隔意の根源と存じ奉り候。尤《もっとも》、関東に於て条約御取替し相成り候上の事に御坐候えば、故なく攘夷仰せ出され候ては、決して関東に於て御受け御坐有るまじく、（中略）其故は、条約取結びの上、故なく此方より兵端を開き候ては、夷人共不義非道申立て、同盟の国々相結び、速《すみやか》に軍艦数十艘差向け、江戸海は勿論、国内要地の津港え乱暴仕り、防禦行届かざるの処より内地え乱入致し候儀、顕然に御座候。」（勝田孫弥『大久保利通伝』上巻、三四二〜三四三頁。同文館）

「攘夷」に対抗して欧米列強がこのような反撃に出たら日本はどうなるか。久光の答えは、三七年も前に会沢安が『新論』のなかで嘲笑した、陸戦だけなら勝てるが海戦では敵《かな》わない、というものであった。大艦建造の必要は一八二五年には会沢安が、一八五四年には佐久間象山が力説したことではないか。しかるに一八六二年の久光の主張は、次のようなものでしかなかった。

「陸戦は古来より我長ずる処に御座候えば、あながち敗走のみは仕るまじく、彼陸戦勝利之なしと存じ候節は、数十艘の軍艦、所々要地の海口に出没致し、江戸・大阪其外津港の運路を妨げ候わば、是非軍艦差出し、追払い申し候わでは相成るまじく、水戦は我短なる処に御座候えば、勝算覚束《おぼつか》なく存じ奉り候。」（同前書同巻、三四三頁）

事実は久光の言う通りだったろう。そのことは、翌六三年の薩英戦争によっても、翌々六四年の四国艦隊の下関攻撃によっても、証明されている。

しかし、同じ理由、すなわち海戦では敵わないという理由で、五三、五四年の日米和親条約も五八年の日米修好通商条約も、締結されてきた。六二年に久光が率兵上京し、幕府に体制改革を承認させたのは、同じ事態を繰り返させないためではなかったのか。

筆者が大雑把ながら描いてきた幕末から日中戦争勃発までの約八〇年の歴史（『日本近代史』）のなかで、敵の方が強いからという理由で戦争が回避されたことは、一度もない。「攘夷」をやめて「開国」を選択するには、彼我の強弱以外の理由が必要なのである。

今問題にしている一八六二年という時点に特定して言えば、「開国」の正当化の一つの方法は、朝廷と幕府と諸藩が挙国一致体制をつくって「富国強兵」につとめるから、短兵急な「攘夷」の断行は慎んでほしい、というものであったろう。
しかるに久光は「挙国一致」体制への他藩の参画を否定した。すなわち、「関東も先《まず》は一橋・越前登用、大政変革の趣向に相見え候間、この涯《かぎり》の処、諸大名上洛には及び申すまじく存じ奉り候」と（『大久保利通伝』上巻、三四二頁）。これでは「公武合体」とは、朝廷・幕府・薩摩藩三者での合議制にすぎなくなる。この三者だけの合議制で「攘夷」をやめて「開国」に国論を一致させることは、机上の空論に等しかったのである。勝田孫弥の『西郷隆盛伝』には、大坂留守居の木場伝内に宛てた西郷の書簡として、次のような一文が紹介されている。

「幕役〔幕府の役人〕は中々一《ひ》と通《とおり》のすれものにては手も突掛けられ候丈《だ》けに之なく、〔久光は〕いまだ幕情御不案内の事に御坐候間、ちょっとした事に御乗り成され候わば直《ただち》に突込み、夫《それ》より見こなし候間、一藩の力にて平押しに押し候ては、弱り居り候幕にもせよ、些《ち》と六ケ敷《むつかしく》、（中略）今共はもう相分り居り候わん。遠海の事故《ゆえ》全く通じ申さず、残情此事に御坐候」（『西郷隆盛伝』第二巻、七一〜七二頁。傍点筆者）

久光に「合従連衡」の大切さを説いたため改めて流刑に処せられた西郷の言葉だけに、

「一藩の力にて平押しに押し候ては」の一文には、胸を打たれる。

すでに記したように、久光が西郷を流刑に処した直接的な原因は、尊王攘夷の浪士平野国臣と会見したことにあった。久光が「公武合体」と「開国」をかかげて京都に「凱旋」した時、その平野は三条実美《さんじょうさねとみ》ら「尊王攘夷」論の公卿の信頼を得て活躍しており、久坂玄瑞《くさかげんずい》らが権力を握る長州藩がそれを支えていた。かつて一八五八年には長州藩家老益田弾正と盟友関係にあり、一八六二年には大坂で平野国臣と意気投合していた西郷を島流しにしたことのツケを、島津久光が払わされたのである。

松平慶永と勝海舟

しかし、久光の「開国・公武合体」路線は京都では失速したが、江戸では支持を広めていた。政事総裁職に就いた松平慶永に、軍艦奉行格の勝海舟らが強く期待していたからである。

先に幕府内開明派の地位が意外と低かったことを強調するために、老中や若年寄をキャリア官僚、勝海舟ら奉行クラスをノン・キャリア官僚に比したが、より詳細に見れば、この対比は正確ではない。制度的には、将軍に直属して幕政を左右する老中（四、五人）や若年寄（四、五人）を今の大臣に、その下で実務を担当する大目付、目付、奉行などを次官、局長、課長などのキャリア官僚になぞらえた方が、より正確である。しかし、だからと言って「霞が関」支配とか財務省独裁などのイメージを幕末の幕府官僚に投影するのは行き過ぎである。講武所奉行の大久保一翁、軍艦奉行並の勝海舟たちには、今日の霞が関のような実権はなかったからである。

このような幕府のキャリア官僚にとっては、薩摩藩単独の幕政改革は歓迎すべきものであった。前越前藩主で開明派の松平慶永（春嶽）が政事総裁職に就いたのが六二年旧暦七月で、勝海舟が「御軍艦奉行並」を命ぜられたのがその二ヵ月後の閏八月である。制度的には老中や若年寄の上に位置する政事総裁職に、自分らの欧米知識を理解できる人物が就いたことで、幕府の官僚たちが活気づいたのである。「御軍艦奉行並」に就任した二日後の閏八月一九日に政事総裁職の松平慶永と面会した時のことを、勝は翌日の日記に次のように記している。

「春嶽公の仰せに云う。海軍、如何にして盛んなるべきやと。答えて云う。当今、乏しきものは人物なり。皇国の人民、貴賤をいわず、有志を選抜するにあらざれば、極めてその人得難からん。唯、幕府の士のみを以て、これに応ぜしめんと欲せば、如何ぞ得《う》べけんや。大小侯伯〔大名〕も、共に尽すにあらざれば、盛大得べからず。」（勝

部真長ほか編『勝海舟全集』第一八巻、四頁。勁草書房）

いわゆる「人材の登用」であるが、それを幕府内にとどめず、日本全国の諸藩にまで拡張しようというところに、勝のスケールの大きさが示されている。

幕府の政事総裁職（将軍を除けばナンバー2）の春嶽の知遇を得た海舟はその翌日（一八六二年旧暦閏八月二〇日）の幕府の閣議（老中、若年寄、大目付、目付、三奉行出席）で、「人材登用」の目的は欧米の科学技術の吸収にあることを強調している。軍艦を何百艘欧米から買っても、その軍艦を造った欧米の科学技術を学ばなければ、永遠に欧米に追いつけないことを力説したのである。幕政改革による自己の軍艦奉行（並）就任に意気高ぶる勝海舟の姿を見るために、やや長文の引用を我慢してもらいたい。

「登営。（中略）海軍の議あり。大趣意は、此程、御軍制の改正局にて、大綱を論ぜし書を以て、臣に尋ねさせらる。その事に云う。我邦にて軍艦三百数十挺《ママ》を備え、幕府の士を以てこれに従事せしめ、海軍の大権、政府にて維持し、東西北南海に軍隊を置かんには今よりして幾年を経《へ》ば全備せんやと。謹んで答う。これ五百年の後ならでは、その全備を見るに到る難かるべし。」（同前書同巻、三〜四頁）

この前半部分だけでも、二つの重要な論点を含んでいる。

第一に、島津久光の「公武合体」工作で、幕府が逆に元気づいている点である。それは、「幕府の士」だけで「軍艦三百数十挺《ママ》」を備えるという幕府「改正局」の「大綱」に、端的にあらわれている。

第二に、島津久光の「公武合体」工作で、薩摩藩の年来の盟友である越前藩の前藩主と、これまで幕府内で無視されつづけてきたキャリア官僚（主として奉行クラス）が活気づいてきた、という点である。各藩のなかに幕府改革の同志を求めてきた西郷隆盛が沖永良部島で石牢生活を送っていた一八六二年に、幕府内の改革派の代表的な人物だった勝海舟が小躍りして喜んでいたというのは、歴史のなかでもそうたびたび起らない、皮肉である。

西郷隆盛に傾倒する本書の筆者にとっては、西郷流刑の張本人である島津久光の幕政改革に興奮している勝海舟という人物も、あまり好きにはなれない。しかし、第一章や第二章で見てきた、欧米に追いつこうとした会沢安や佐久間象山の流れのなかに勝を置いてみれば、やはり幕末史のなかで傑出した人物だったことは認めざるをえない。一八六二年旧暦閏八月二〇日の勝日記の後半部分を読めば、欧米文明を兵器ではなく、その背後にある科学技術において吸収しようという勝海舟は、第一章で分析した佐久間象山の「西洋芸術」論の、正統な後継者だったことが明らかになる。海舟は引用中の日記の後半部分で、次のように記している。

「軍艦は数年を出《い》でずして整うべしといえども、その従事の人員、如何ぞ習熟を得べけんや。当今、英夷の盛大成るも、殆ど三百年の久しきを経て、当時に到れり。(中略)それ海国防禦の策は、彼を征伐するの勢力充分にしてあまりあるにあらざれば能《あた》わず。いたずらに人員の増多なると、船艦数隻なるとも、人民、その学術は勿論、勇威、彼を圧伏するに足らざれば、真の防禦はたちがたからん。今、かくの如きの大業〔三百数十隻の軍艦の購入〕を議せんよりは、寧《む》ろ学術の進歩して、その人物の出でんことこそ肝要ならめ」(同前書同巻、四頁)

ここで勝の言う「学術」とは、かつて佐久間象山が唱えた「西洋芸術」と同内容のものであろう。ひと言で言えば、科学技術の振興のために日本全国からの人材登用につとめることが、幕政改革により軍艦奉行並に採用された勝海舟の抱負だったのである。

一八六二年の久光率兵東下による幕政改革は、他面では松平春嶽(政事総裁)をかつぐ海舟らキャリア官僚が、工作とは言わないまでも関係していたものであった。勝自身その日記（一八六二年旧暦一一月九日）に次のように記している。

「此頃、世間の雑説紛々。或る人云う、当時、新政の施行は春嶽公、その最たり。次の（に）大久保越州〔一翁・忠寛〕、肥後藩、春嶽公の師横井小楠の議なり。愚拙も又加わると。或いはそれ皆不良の事のみなりと。あゝ、古より忠良の言容《い》れられず、区々として嫌忌□（不明）防止せられ、空しく憤死する者、比々として歴史中に充満す。而して棺を蓋《おお》うて是非定まる時に到って、天下皆その忠良明詳を許す。」（同前書同巻、一六頁）

幕府の政事総裁松平春嶽とそのブレインの横井小楠、講武所奉行の大久保一翁、軍艦奉行並の勝海舟の四者の親密な関係を示すものである。しかし、それ以上に衝撃的なのは、その一人勝海舟の、想像を超えた絶望感である。

一八六二年旧暦一一月といえば、京都では久光の「開国」を前提とする「公武合体」工作が全否定された直後である。一〇月二八日には三条実美と姉小路《あねがこうじ》公知《きんとも》が新たな勅使として江戸に到着し、幕府に「攘夷督責」の勅諚を伝達したのである。

しかし、勝海舟の絶望は、朝廷が「開国」から「攘夷」に変ったことによるものではなかった。この点では、勝は西郷と同じく、棚上げ論者であった。この月（一一月）一九日に松平春嶽のブレイン横井小楠を訪問した勝は、次のような問答を日記に記している。

「此日、横井小楠先生を訪《おとな》う。我問う、此頃、世間、開瑣《（ママ）》の論諍に皆服せざる処なり。それ開瑣は、往年和戦を論ぜしと同断にて、唯文字の換りしのみ。何の益かあらんやと。先生曰く、実に然り。当今しばらく此異同を言わずして可ならん。それ攘夷は興国の基を云うに似たり。しかるを世人いたずらに異人を殺戮《さつりく》し、内地に住ましめざるを以て攘夷なりとおもうは、甚だ不可なり。今や急務とすべき興国の業を以て先とするにあり。区々として開瑣の文字に泥《なず》むべからず。興国の業〔は〕、侯伯一致、海軍盛大に及ばざれば能わず。今や一人もここに着眼する者なし。又歎ずべしと。」

（同前書同巻、一七頁。傍点筆者）

ここで横井の説く「侯伯一致」は西郷隆盛の有力諸大名の「合従連衡」と同じである。「海軍盛大」の方は勝の専門で、彼が軍艦購入だけで科学技術の吸収なしには「海軍盛大」などは望むべくもない、と論じていたことは、すでに記したとおりである。

ちなみに、傍点を記した最初の箇所（「往年和戦を論ぜしと同断」）は、第一章で分析したペリー来航の時を指す。海防策を怠ってきた幕府には、「和」か「戦」かを選択する力はなかったのである。「侯伯一致」の挙国体制と「海軍盛大」の成果を共に欠く一八六二年の日本で、「開国」か「攘夷」かを論ずること自体が、海舟や小楠にとっては口先だけの話に響いていたのである。

もう一つの傍点箇所（「攘夷は興国の基」）で小楠が言いたかったことは、日本国民のアイデンティティのことではなかろうか。眼前の選択肢としては「攘夷」はありえないとしても、日本がこれから欧米列強に伍していくためには、日本国民としての誇りは必要であり、それが本当の「攘夷」なのだと、小楠は言いたかったように思われる。

西郷路線と勝路線

西郷が久光の単独出兵を戒めて流刑に処せられたとすれば、勝海舟は久光の単独出兵を利して、無能な老中や若年寄の支配を覆そうとして挫折した。すでに指摘したように、この二人は、有力諸大名の「合従連衡」（「侯伯一致」）の必要性についても共通の認識を持っていた。

しかし、この二人を直ちに「維新の二大英雄」として持ち上げる前に、両人の間の相違点にも眼を配っておく必要がある。

両者の最大の相違点は、「尊王攘夷」派の志士との関係にあった。すでに記したように、西郷は諸藩の有力家臣だけではなく、平野国臣のような「尊攘」派浪士とも親しかった。彼には「合従連衡」を「侯伯一致」にとどまらず、改革をめざす有志の「横断的結合」にまで拡大する構想があったのである。筆者はかつてこの西郷構想を「二重の合従連衡」と呼んだことがある（坂野・大野健一『明治維新 1858-1881』。講談社現代新書）。

勝海舟の方にも、「侯伯一致」の限界を、全国的な人材登用で補う構想はあった。しかし、勝の人材登用は「衆議」を排して行われる、トップ・ダウン型のものであった。彼はその日記に次のように記している。

「あゝ、区々として開瑣を論ずるは、天下の形勢を知らざる無識の言。当時、危急の秋《とき》なり。朝廷、衆説に雷同せず、有識を以て要路に置かずば、何《いず》れの日か、大政一新を得《う》べけんや。その道理の至当をとらず、空しく浮説、衆議を以て賢才を廃せば、群議止むの期あらんや。」（『勝海舟全集』第一八巻、一四〜一五頁、一八六二年旧暦一一月六日の項。傍点筆者）

これによって明らかなように、勝にとっては「有識」と「衆議」は相対立するものであった。たしかに、彼の「大政一新」は幕府の専制によって行われるものではなく、「有識」が「朝廷」を支えて断行するものであったから、「王政復古」とは矛盾しない。しかし、それは「衆議」を排して行われるものだったから、あくまでもトップ・ダウンの「大政一新」であった。明治に入ってからの自由民権運動の用語を使えば、勝の「王政復古」は「有司専制」によって断行されるものだったのである。老中や若年寄によって頭を押えられていたとはいえ、幕府の要職を担う勝海舟らしい構想である。

勝海舟

しかし、西郷と勝の相違には、ボトム・アップかトップ・ダウンかだけには限られないものがあった。西郷の「合従連衡」論は、突きつめれば幕府に代わる新政治体制に行きつく性格のものであったが、その彼には、この新政治体制のもとで欧米列強と競うために必須の科学技術の導入・育成の構想まではなかった。一言で言えば、「産業立国」構想に欠けていたのである。この点では孤島での五年間のブランクは、西郷にとって致命的だったように思われる。

他方、すでに記したように、科学技術の育成という点では、勝海舟の方が二歩も三歩も前を行っていた。しかし、その勝の考える新政治体制とは、幕府内指導部の総入れ替えにすぎなかった。彼は前越前藩主の松平春嶽に大きな期待をかけていたが、それはあくまで幕府の政事総裁職としての春嶽に対する期待であった。徳川親藩を代表する春嶽と幕府の奉行職の自分や大久保一翁らが協力して、両者の中間にある守旧的な老中や若年寄を、上と下から押え込むのが、勝の幕政改革構想であり、「新体制構想」とまで言えるものではなかったのである。

西郷の新体制構想と勝の科学技術立国とが結びつかないかぎり、明治維新は実現しない。その西郷と勝がはじめて会談するのは、西郷が五年余の流刑を解かれて薩摩藩の実権を握った一八六四（元治元）年旧暦九月一一日のことである。

2　幕府の復権と西郷の復活

久光構想の挫折

一八六二年旧暦四月から六三年旧暦九月にかけての約一年半の間に、久光は三度にわたって京都に上っている。六二年四月の率兵上京についてはすでに記したが、六三年九月の上京は、規模においても滞京期間においても、最大規模のものであった。大砲隊まで加えた薩摩藩兵約一七〇〇名が、六三年九月から翌六四年四月まで半年余にわたって京都に駐屯していたのである（『幕末政治と薩摩藩』二一七頁、二六八頁）。

「参預会議」とか「元治国是会議」とか呼ばれる六三年末から翌六四年三月にかけての、朝廷、幕府、有力大名の合議体制構築の試みについては、佐々木氏の前掲書が、実証的かつ詳細に分析している（同前書、二二九〜二六八頁）。しかし、西郷隆盛を主題とする本書にとって重要なのは、この久光工作の意義ではなく、その挫折の方である。西郷は六二年四月に久光の単独出兵に反対して徳之島、沖永良部島に流され、六四年三月の元治国是会議解散の約一週間前に流刑を赦され鹿児島に戻された。西郷が、久光の朝廷、幕府、有力大名の合議制（公武合体）工作の開始と同時に流刑に処せられ、その久光工作の挫折と同時に流刑を赦されたということは、単なる偶然ではない。

佐々木氏の研究を筆者なりに理解すれば、久光工作失敗の最大の理由は、軍事力を背景とする薩摩一藩の突出にあった。将軍後見職の一橋慶喜も、将軍家茂上洛に随行してきた幕府の三老中も、天皇の意向が久光の影響下にあることを疑っていた（同前書、二五五頁）。

また、有力大名の国政参画と言っても、出席したのは薩摩、越前、宇和島（一〇万石）の三藩だけであり、参預に任命された土佐藩の山内容堂《ようどう》は一度も会議に出席していない（同前書、二四四頁）。朝廷と幕府と三大名の会議にすぎなかったのである。

この三大勢力の合同会議は、その議題にも問題があった。久光も越前の春嶽も一貫した「開国」派であった。しかるにこの会議や武家間の話し合いでは、横浜鎖港が討議され、箱館と長崎の二港の開港は欧米諸国との条約通りとするが、横浜一港は鎖港すると約束した将軍の奉答書が提出された（同前書、二三六〜二五八頁）。

久光も春嶽も、すでに一連の通商条約で欧米諸国に約束した横浜の開港を取り消すことなど不可能なことは十分に理解していたはずである。そのような実現不可能な対外方針を、わざわざ朝廷、幕府、三大名の会合を開いて「国是」として決定したのである。「元治国是会議」の挫折である。

この会議のもう一つの欠点は、有力大名の国政参画を制度化できなかったことにある。前年八月一八日の政変で長州藩と尊王攘夷派の公卿七人を京都から追放した朝廷としては、一七〇〇名にも及ぶ薩摩藩兵の京都、大坂滞在は、頼もしい限りであったろう。言いかえれば、有力大名の国政参画を制度化できないかぎり、薩摩藩は兵を引きあげられないのである。

一七〇〇名余の藩兵を半年以上にわたって京坂に駐屯させておく費用は、尨大なものだったと思われる。薩摩藩大坂留守居役の木場伝内は、一八六四年旧暦七月に長州征伐のために四度目の久光上京が噂されたとき、鹿児島の大久保利通に、「此節諸国御大名様方御召の儀風説御座候。若《も》しや其通り御座候えば、御金繰の儀何様致すべきやと、只今より別して心配いたし居り候事、(中略)御国力の及ぶ所に御座なく候わんか、深く御勘考下さるべく候」と書き送っている(『大久保利通関係文書』第三巻、一〇五頁)。その前の三度の出兵・滞京費用の大きさを示唆するものである。それだけの費用をかけて京都に上り、「参預会議」の恒常化に失敗し、「開国」論の「国是」化どころか「横浜鎖港」というおよそ非現実的な「国是」を決めただけで、久光は一八六四年旧暦四月、鹿児島に戻るべく京を発ったのである。薩摩藩の藩論が西郷隆盛の赦免と復権に傾いたのは、このためである。

「維新の大業は実に此一挙に基因す」

西郷の鹿児島帰還について『西郷隆盛伝』の著者は、「維新の大業は実に此一挙に基因す」と述べる(第二巻、九四頁)。

復権した西郷のめざしたものと、西郷をはずして久光らが二年余にわたって進めてきた路線との相違を、勝田はやや婉曲なかたちで、次のように記している。

「四月二十日に至り、朝廷は、総て政務を幕府に委任して政令を一途に帰せしめ、又横浜を鎖《とざ》し守備を厳にし、長藩を処分して以て征夷の職分を尽すべきを命ぜしが、是《これ》等《ら》は実に公武党即ち慶喜等の意見を採用したるものなりき。然《しか》るに隆盛の抱懐する所は、既に幕政改革の望むべからざるを覚悟し、諸藩合同の力を以て朝廷を輔佐し、徳川氏を朝命の下に置き、以て国家を維持し対外の策を決するにあるが故に、大《おお》い に慶喜等の所論と其趣きを異にし、爾来藩論を制し専ら朝命を奉じて進退を為すに決定したり。」（同前書同巻、同頁。傍点筆者）

元薩摩藩士の勝田は直接的なかたちでの久光批判を避けているが、ここで「慶喜等の意見」として批判されているものは、すでに記したように久光が中心となって工作した「元治国是会議」の内容と同じものである。これに対して「隆盛の抱懐する所」として紹介されているのは、「幕政改革」を諦めた諸侯会議構想である。「諸藩合同の力」で朝廷を支え、徳川氏もその同列に置かれるのだから、それは三年後の「大政奉還」（一八六七年旧暦一〇月）と同内容の構想である。

一八六四年初めの「元治国是会議」に典型的に示されたように、「公武合体」の下での四大藩（薩摩、越前、宇和島、土佐）の国政参画は、いわば補助的なものにすぎず、国政は朝廷から幕府に改めて委任されたのである。「公」は朝廷に、「武」は幕府に代表されるのが「公武合体」の意味であり、それはもはや体制改革のスローガンとしての有効性を失っていたのである。

これに対し「大政奉還」方式の場合には、徳川家は将軍職を失い、規模は抜群でも一徳川藩として他の大藩と同格となって国政に参画するのである。

現実的に言えば、四〇〇万石の直轄地を持つ徳川家に対して、薩摩七七万石、越前三二万石、土佐二四万石、宇和島一〇万石では、四藩合わせても一四三万石であり、徳川家の圧倒的優位は変わらない。しかし、もし、徳川藩以下の諸藩が政治的には平等に国政に参画することが制度化されれば、それは幕藩体制の大変革だったことは確かである。

前章までに明らかにしてきたように、五年間の流刑の前後を一貫した西郷隆盛の「合従連衡」論は、この大名会議構想に直接につながるものであった。ただ、西郷の「合従連衡」論には、単なる大名会議だけでは収まらないものがあった。各藩の有力家臣たちとの横の連携がそれである。

一八六四年旧暦二月に流刑を解かれ、薩摩藩の軍事指導者として返り咲いた西郷が、この各藩有志との連携を制度化する途を見出したのは、その約半年後の勝海舟との会談においてであった。同年旧暦九月一一日のことである。

この会談の重要性を最初に指摘したのは、明治二七（一八九四）年刊の勝田の『西郷隆盛伝』である。今日では『大久保利通関係文書』に収録されているが、西郷の大久保宛手紙は第三巻に、西郷に同行した吉井友実のそれは第五巻に収められているので、この二つの手紙の関係はごく最近まで明らかではなかった。しかるに勝田の『西郷隆盛伝』では、わずか六頁に、西郷と吉井が別々に大久保に送った手紙が紹介されているだけではなく、勝の議会論と西郷の「合従連衡」論との近似性も指摘されている。明治、大正、戦前昭和に刊行された多数の偉人伝を読んでいれば、戦後の幕末維新史研究は、もっと早く、近年の佐々木克氏の『幕末政治と薩摩藩』などの水準に到達していたのではなかろうか。

まず、西郷と同行した吉井友実（薩摩藩小納戸《こなんど》頭取《とうどり》）がこの会談を大久保利通に報じた手紙から見ていこう。彼は次のように記している。

「大久保越州〔一翁〕、横井〔小楠〕、勝〔海舟〕などの議論、長を征し、幕吏の罪をならし、天下の人才を挙《あげ》て公議会を設け、諸生といえども其会に出願すべきの者はさっさと出し、公論を以て国是を定むべしとの議に候由、只今此外挽回の道之あるまじく候。（右大嶋兄よりも委細申上げらるべく候えども、聞見の形行荒々《あらあら》申上げ候）」（『西郷隆盛伝』第二巻、一三六頁。なお最後の部分は『大久保利通関係文書』第五巻、三四二頁によ

り補充）

「諸生」の語が何を指すのか正確にはわからないが、身分を超えて「人才」を「公議会」に集めるという意味と理解していいであろう。また、幕府の講武所奉行をつとめた大久保一翁（忠寛）がこの前年（一八六三年）に松平春嶽に送った手紙では、「公議会」は「公議所」となっており、公卿と大名と「四民」の集会所を指すものであった（『日本近代思想大系』第九巻、二七頁頭注。岩波書店）。王政復古の半年前（一八六七年六月）の「薩土盟約」に謳《うた》われる上院と下院の二院制の原型とみなしていいであろう。

西郷の議会論と勝海舟への傾倒

西郷隆盛が大久保利通に吉井と同じ九月一六日に送った手紙だけを読んでいては、勝と西郷が公卿と大名の「上院」だけではなく、各藩有力家臣を集めた「下院」の創設についても合意に達していたことまではわからない。西郷の大久保宛の手紙には、そこまでのことは記されていないからである。煩を厭《いと》わず、議会制に関して西郷が大久保に送った手紙の内容だけを、次に引用しておこう。

この時の西郷の関心の第一は、横浜鎖港方針に抗議して連合艦隊を大坂湾に差し向けようとしている欧米列強への対応であった。西郷によれば、勝は次のように答えたという。

「只今異人の情態においても、幕吏を軽侮いたし居り候間、幕吏の談判にては迚《とて》も受け難し。いずれ此節明賢の諸侯四五人も御会盟に相成り、異艦を打破すべきの兵力を以て横浜 并《ならびに》 長崎の両港を開き、摂海〔大坂湾〕の処は筋を立て談判に相成り、屹《きっ》と条約を結ばれ候わば、皇国の恥に相成らざる様成立ち、異人は却って条理に服し、此末天下の大政も相立ち、国是相定め候期御座有るべしとの義論（ママ）にて、実に感服の次第に御座候。」（『大久保利通関係文書』第三巻、三一二頁。傍点筆者）

この一文で注目すべきは、第一に、「元治国是会議」が決定した「横浜鎖港」が勝と西郷の間で簡単に捨てられていることである。第二に、連合艦隊の大坂湾進攻に対抗しながら交渉に当る主体が、「幕吏」ではなく、「会盟」した「明賢の諸侯四五人」なことである。「元治国是会議」と違って、今や「諸侯会議」は対欧米交渉の主体として位置づけられているのである。

この西郷書簡に先に引用した吉井友実の手紙を重ね合わせれば、「明賢の諸侯四五人」の「会盟」は、「天下の人才を挙て公議会を設け」るという構想と同一のものになる。この部分が西郷書簡には記されていないから、西郷の考えが「明賢の諸侯四五人」の「会盟」に限られていたとするのは、度の過ぎた実証主義である。西郷と吉井が一緒に勝から話を聴いている以上、二つの手紙は相互補完的に理解するのが常識であろう。吉井だけが「公議会」構想を理解し、西郷は「諸侯会議」構想しか理解できなかったとするのは、史料の「額面解釈」に過ぎると考える。ここまでの記述で明らかにしてきたように、西郷は一八五八年の幕政改革運動の頃から、有力大名と有力家臣の「二重の合従連衡」論で一貫しており、さらに一八六七年には、イギリスの外交官アーネスト・サトウに「国民議会」の必要を熱っぽく語っていた。一八五八年の「二重の合従連衡」論から一八六七年の「国民議会」論への流れのなかに、一八六四年の勝・西郷・吉井の会談を置いてみれば、この時点で西郷が、従来の「二重の合従連衡」論を「公議会」論に発展させたものと解釈するのが自然であろう。

一八六四年旧暦九月一一日の勝・西郷会見でもう一つ大切な点は、西郷の勝への傾倒ぶりである。それは四年後の江戸無血開城に当っての両人の直談判の理解に役立つだけでなく、西郷隆盛という人物を知る手掛りにもなる。これまでの諸研究でもたびたび紹介されてきた一文であるが、ここでは一八九四(明治二七)年に、おそらく最初にその一文を引用した勝田孫弥の前掲書から再引用させてもらいたい。勝について西郷は、次のような印象を大久保利通に送っている（九月一六日付書簡）。

「勝氏へ初《はじめ》て面会仕り候処、実に驚入り候人物にて、最初打叩く賦《つもり》にて差越し候処、頓《とん》と頭を下げ申し候。どれ程智略の有るやら知れぬ塩梅に見受け申し候。先《まず》英雄肌合の人にて、佐久間〔象山〕より事の出来候儀は一層も越え候わん。学問と見識においては佐久間抜群の事に御座候えども、現時に臨み候ては勝先生と、ひどくほれ申し候。」（『西郷隆盛伝』第二巻、一三二頁。傍点筆者）

西郷が五年前に流刑された時には、勝の方もまだ幕府内開明派の末席的な存在であったため、この一八六四年に両者ははじめて面談の機を得たのである。

引用文中に傍点を付したところから、西郷が実践重視の運動家だったことが伝わってくる。「事の出来」るかどうか、「現時に臨」んで有能か否かが、西郷の人物評価の第一基準だったのである。また、傍点は付さなかったが、文中の、「頓と頭を下げ申し候」とか、「ひどくほれ申し候」とかいう表現は、この時代の志士たちの手紙のなかにも滅多に出てくるものではない。初対面の勝を全面的に信頼してしまう直感型の西郷は、ゆっくり時間をかけて人物評価を積み重ねていく余裕のない革命期には、貴重な人物であったに違いない。言うまでもなく、西郷自身も「英雄肌合の人」だったのである。

西郷と大久保

西郷が沖永良部島に流されていた二年間の島津久光による「公武合体」路線は、幕府権力の回復と「横浜鎖港」という攘夷政策の復活をもたらしただけであった。しかもこの路線の失敗には、それ以前にもそれ以後にも西郷隆盛の盟友でありつづけた大久保利通が、深くかかわっていた。この二年間にかぎり、大久保は西郷を捨てて久光の側近として活動していたのである。

すでに本書でたびたび引用してきた『西郷隆盛伝』(一八九四年刊)の著者勝田孫弥は、その一六年後の一九一〇(明治四三)年に、今度は『大久保利通伝』全三巻を著わしている。総頁数二三九四という大著である。

この大著のなかで勝田はまず、久光・利通ラインの「公武合体」路線の失敗後の政治状況を、次のように描写している。

「文久二年〔一八六二年〕、西郷隆盛は、久光の怒《いかり》に触れて、南洋の孤島に鉄窓の月を詠《なが》め、詩歌に寄せて鬱勃《うつぼつ》の気を慰め居たり。然るに、久光の寵遇《ちょうぐう》を得て、飛鳥を落すが如き勢力ありたる中山忠左衛門《なかやまちゆうざえもん》が、薩英戦争以来、俄《にわか》に其勢力を失いて閑職に転ずるに及び、薩藩の権勢は利通及小松〔帯刀〕の手に帰したり。会《たまたま》、幕府は、只管《ひたすら》其勢威の回復に力を尽し、諸藩の佐幕党は大に勃興するあり。又長〔州〕藩は、三条〔実美〕以下の京紳を奉じて、其藩地に退き、諸藩勤王党と気脈を通じ、動《やや》もすれば、天下は将《まさ》に騒乱せんとする形勢あり。」（『大久保利通伝』上巻、五四八頁）

幕府と長州藩という両極が勢力を回復するなかでは、新たに「薩藩の権勢」を握った大久保や小松は、いわば同藩の劣勢挽回の責任を負わされたことになる。唯一の挽回策は、沖永良部島からの西郷の召還であった。

しかし、二年間にわたって久光を支えつづけてきた大久保は、久光が憎みきっている西郷の召還を切り出すことができなかった。この微妙な関係についても、一九一〇（明治四三）年の勝田孫弥は、十分気づいていた。彼は次のように記している。

「利通は、文久二年の春、久光に請うて西郷を召還し、更に久光に説きて、〔西郷を〕九州諸藩に出張せしめたりしが、偶《たまたま》、久光の激怒に触れ、西郷は、再び遠流の身と為《な》り、利通もまた、一時は殆ど退けられんとしたり。されば、利通は、西郷召還の議を、

再び久光に請求すること能わざる事情なりき。」(同前書同巻、五四九頁)

久光路線を支えてきた大久保利通には、西郷の召還を決断することができなかったのである。

薩摩藩には、久光―大久保体制の下でも、西郷派のグループが存続し、彼らが意を決して久光に西郷の召還を迫ったという(同前書同巻、同頁)。しかし、より重要なのは、大久保自身が久光路線との決別を決意したことにある。西郷の召還と大久保の転換のもつ意味を、『西郷隆盛伝』(一八九四年)と『大久保利通伝』(一九一〇年)の著者勝田孫弥は、前者のなかで次のように解釈している。

「〔久光は〕勤王党の激昂に迫られて隆盛を召喚するや、爾来専《もっぱ》ら国事を之に托して其局に膺《あた》らしめたり。久光帰国〔藩〕の後、京師に滞留せるものは、公子〔久光の実子〕島津図書《ずしょ》、家老小松帯刀、軍賦役《ぐんぷえき》隆盛、軍役奉行《ぐんえきぶぎょう》伊地知《いじち》正治《まさはる》、御小納戸頭取吉井友実、其他の諸有志及び軍隊の将士にして、禁闕《きんけつ》〔御所〕警衛の任に膺りしが、之を総轄指揮せし実際の総督は、実に隆盛にてありき。大久保は久光に従い鹿児島に帰り藩地に力を尽して俗論を退け、内外相応じて一致の運動を為すに至れり。之れ薩藩の国論愈《いよいよ》一変したるの初《はじめ》にして、維新の大業は実に此一挙に基因すと云うべきなり。」（『西郷隆盛伝』第二巻、九三〜九四頁。傍点筆者）

西郷の復権と大久保の転換こそが「維新の大業」の本格的な始動であるとする勝田孫弥の指摘は、的を射たものと思われる。

3 「公議輿論」か「武力倒幕」か

「富藩強兵」

すでに記したように、西郷と吉井は同じ一八六四年旧暦九月一六日に大久保に対して勝海舟らの「公議会」を肯定する手紙を送っている。大久保もそれに同意したものと推測していいであろう。しかし、久光らの「公武合体」論を利用して威権を回復した幕府が、勝や西郷らの「公議会」論に容易に従うはずはなかった。幕府に有力諸藩の「公議会」論を呑ませるためには、有力諸藩が力をつける必要があった。各藩が「割拠」して「富藩強兵」につとめることは、「公議会」論と表裏の関係にあったのである。勝との会見後に大久保に送った手紙のなかで西郷は、幕府が「公議会」の設置に応じない場合には、「断然と割拠の色を顕《あら》わし、国を富《とま》すの策に出で候わでは相済み申すまじき儀と存じ奉り候」と記している（同前書同巻、一三三頁。傍点筆者）。

「割拠」と「国〔藩〕を富す」という基本方針は、大久保利通にも共有されていた。約一年後（一八六五年旧暦八月）にイギリス留学中の同藩の藩士に送った手紙のなかで、大久保は次のように論じている。

「長州戦争以往、所謂《いわゆる》暴論過激の徒、大抵眼を豁開《かつかい》し、攘夷の成るべからざるを弁別、大《おお》いに国を開くことを唱え候人心に相成り候。尤《もっと》も具眼の諸藩（佐賀、越前、土佐、宇和島等）は、断然商法等施行の向きに聞かれ候。若《も》し大樹〔将軍家茂〕家、龍頭蛇尾にして〔江戸へ〕東下相成り候わば、益《ますます》命令相行われず、各国割拠の勢、疑うべからず。之に依《よ》り富国強兵の術、必死に手を伸し、国力充満、仮令《たとい》一藩を以てすとも、天朝を護り奉り、皇威を海外に灼然《しゃくぜん》たらしむるの大策に着眼するの外、之なく候。」

（『大久保利通伝』上巻、六四八頁。傍点筆者）

文中に傍点を付した「商法等施行」は、今日の意味での「商法」ではなく、対外貿易のことであろう。当時、薩摩藩を先頭に文中にある肥前、越前、土佐、宇和島などの諸藩は、それぞれの特産物を増産して欧米諸国に輸出して、軍艦や大砲や小銃の購入につとめていた。特産物の藩による育成は一見したところでは「国を富すの策」のように響くが、その収入はすべて兵器の購入に充てられるのであるから、「富国」よりも「強兵」を主眼とするものであった。その意味では、西郷の「国を富す」という表現よりも大久保の「富国強兵の術」の方が実態に近く、さらに言えば大久保の「富国強兵」から「富国」を落して「強兵の術」に限定した方が、より正確である。各藩の特産物を藩の専売にして奨励しても、その利益がすべて軍艦や大砲や小銃の購入に充てられたのでは、「国」も「藩」も「富」みはしないからである。

薩長の接近

しかし、「割拠」しての「強兵」ならば、薩摩藩よりも長州藩の方が先輩であった。

長州藩の「割拠」は、武士の枠を超えた挙藩一致体制にもとづくものであった。薩摩藩側が入手した情報によれば、この挙藩体制には「町人百姓都《すべ》て御加勢」し、海岸に近い山の上からの敵艦の監視は、赦免された罪人が当っていたという(一八六四年二月と三月の大久保利通宛木場伝内書簡、『大久保利通関係文書』第三巻、九八頁、一〇〇頁)。

薩摩藩が従来の「公武合体」路線から、「公議会」と「富藩強兵」路線に転換した以上、また長州藩が一八六四年旧暦八月の欧米連合艦隊との交戦を境に、「攘夷の成るべからざるを弁別」した以上、薩摩藩としては「公議会」構想から長州藩を除外する理由はなくなる。ましてや、今や薩摩の実権を握る西郷隆盛は、一度目の大島流刑の前にも、二度目の沖永良部島配流《はいる》の前にも、当時の「尊王攘夷」派の志士たちと強いパイプを持っていた。二度目の流刑の場合には、このこと自体が、直接の原因だったことは、すでに記したとおりである。

長州の汚名を雪ぐ

実証的に検討していけば、薩摩藩家老の小松帯刀が最後まで徳川家を加えた「公議会」構想にこだわったことは、否定できない（高村直助『小松帯刀』。吉川弘文館参照）。筆者自身も、西郷の片腕とも言うべき伊地知正治が、将軍慶喜の「大政奉還」（一八六七年旧暦一〇月）で満足しない西郷や大久保を批判した史料を紹介したことがある（坂野・大野『明治維新1858-1881』一四四〜一四六頁）。

しかし、徳川家を筆頭とする大名会議に長州藩も加えて、語の真の意味での挙国体制を構築することは、机の上でしか成り立たない構想であった。一八六四年の禁門の変で「朝

木戸孝允

敵」となった長州藩に、幕府は二度にわたって征討軍を派遣していたからである。

　長州藩を大名会議に加えるためには、何よりも同藩を「朝敵」の汚名から解放する必要がある。しかし、そうなれば、三年余にわたって「朝敵」として同藩を攻撃しつづけてきた幕府が、長州藩と朝廷に正式に謝罪しなければならない。幕府にも長州藩にもそれぞれ落度があったが、これからは私怨を忘れて新政府を支えていきましょう、というわけにはゆかなかったのである。

　長州藩にとって「朝敵」の汚名を雪《すす》ぐことが、いかに重要であったかは、一八六六年旧暦一月の「薩長盟約（同盟）」についての木戸《きど》孝允《たかよし》の覚書によく表われている。

　この覚書は、会談ののちに木戸が記し、会談の仲介役だった土佐藩浪人坂本竜馬《さかもとりょうま》が、薩長両藩の同意点は、たしかにこの六ヵ条に間違いないと裏書きしたものである。

　幕末維新史に関心のある人ならば誰でも知っている有名なものである。

　しかし、幕府と長州藩の和解の障害が「朝敵」問題にあったという観点からすれば、木戸孝允の六ヵ条にわたる覚書は、新たな意味をもってくる。

王政復古クー・デターに直接につらなるものとしては、第一条が有名である。すなわち、「〔幕府との〕戦《いくさ》と相成り候時は、〔薩摩藩は〕直様《すぐさま》二千余の兵を急速差登《さしのぼ》し、只今在京の兵と合し、浪華へも千程は差置き、京坂両処を相固め候事」と。

しかし、「朝敵」としての長州藩の汚名を雪ぐという観点からすると、第二条以下の五ヵ条が重要になってくる。

第二条は、次のようなものである。

「戦、自然も我勝利と相成り候気鋒〔気勢〕之あり候とき、其節朝廷へ申上げ、屹度《きっと》尽力の次第之あり候との事。」

幕府との戦いで長州藩が有利となったとき、薩摩藩はどのような「尽力」を「朝廷」に対して行うのであろうか。

第三条にも同じ「尽力」という言葉が使われている。すなわち、

「万一、戦負色に之あり候とも、一年や半年に決して潰滅致し候と申す事は之なき事

に付《つき》、其間には必ず尽力の次第、訖度之あり候との事。」

幕長戦争が長州藩に有利に展開した場合（第二条）にも、反対に長州藩が劣勢に陥った場合にも、薩摩藩は朝廷に対して、長州藩のために「尽力」するのである。第二条と第三条の「尽力」の内容は何なのであろうか。

このような疑問は第四条を読めば氷解する。すなわち、

「是なりにて幕兵〔江戸へ〕東帰せしときは、訖度朝廷へ申上げ、直様《すぐさま》冤罪は朝廷より御免《ゆるし》に相成り候都合に、訖度尽力との事。」

第二、第三条と同じく第四条でも「尽力」の言葉が使われているが、ここでは「尽力」の内容がはっきりと記されている。朝廷が長州藩の「冤罪」を「免」すように、薩摩藩が「尽力」することが、薩長盟約の第二、第三、第四条の内容だったのである。幕長戦争で長州藩が優勢になろうと劣勢になろうと、さらには将軍が長州征伐を諦めて江戸に帰ろうと、薩摩は長州藩の冤罪を雪ぐために「尽力」する、それが第二、第三、第四条の内容だったのである。

史料というものは面白いもので、ここまでわかると第五条と第六条も同じ趣旨に見えてくる。第五条は次のような文面である。

「兵士をも上国〔上京〕の上、橋、会、桑〔一橋、会津、桑名〕等も只今の如き次第にて、勿体《もったい》なくも朝廷を擁し奉り、正義を抗《こば》み、周旋尽力の道を相遮《さえぎ》り候ときは、終《つい》に決戦に及び候外、之なしとの事。」

第一条の薩摩藩兵三〇〇〇名の京坂両地への派遣と合わせれば、ここで言われている「兵士をも上国の上」が薩摩藩兵の上京を指すことは明らかである。京坂両地で幕兵と薩摩藩兵が対峙しても、幕府が薩摩藩の「周旋尽力」を阻んだ場合は、薩摩藩も幕府と「決戦」するというのである。ここでの「周旋尽力」も、第二、第三、第四条の場合と同じく、長州藩の「朝敵」の冤罪を雪ぐためのものだったことは、明らかである。

第六条は明確に薩長の「同盟」を謳《うた》ったものであるが、そこでも「冤罪」を雪ぐことが大前提になっている。すなわち、

「冤罪も御免《ゆるし》の上は、双方誠心を以て相合し、皇国の御為に砕身尽力仕り候事は申す

に及ばず、いずれの道にしても、今日より双方、皇国の御為、皇威相暉《あいかがや》き御回復に立至り候を目途《もくと》に、誠心を尽し、訖度尽力仕るべしとの事。」（以上の薩長同盟についての木戸孝允の確認書六ヵ条の引用は、木戸公伝記編纂所『松菊木戸公伝』上巻、五九八～五九九頁。明治書院による。傍点筆者）

徳川藩をとるか、長州藩をとるか

一八六六年初めの有名な「薩長盟約」六ヵ条のうち五ヵ条が、「朝敵」にされた長州藩の「冤罪」を雪ぐための薩摩藩の「尽力」を約したものだったことは、何を意味するのだろうか。有名な「薩長盟約」とは、その程度のものでしかなかった、という解釈もありうるであろう。しかし筆者は、その正反対の印象を受けた。この「薩長盟約」があるかぎり、西郷の「合従連衡」論も、勝海舟らの「公議会」論も、机上の空論になってしまうのではないかというのが、筆者が受けた印象である。徳川藩と長州藩の双方を含んだ大名会議や家臣会議というのは、実現不可能な構想だったのではなかろうか。

日本最大の藩である徳川藩が征夷大将軍として「朝敵」の長州藩の征討につとめているとき、外様藩中で最強の薩摩藩が長州藩の汚名を雪ぐことを長州藩に約束したのである。幕府対薩長二藩の対立関係が鮮明になったのである。そのような状況に、先に紹介した勝海舟らの「公議会」論を改めて対置してみれば、その限界は自から明らかになる。薩長盟約が結ばれる直前の一八六五（慶応元）年旧暦一一月に勝海舟に宛てた手紙のなかで、横井小楠は次のように論じている。

「皇国治乱の分界今日に迫り候にて、有志の国々は十分の尽力いたし、此門関は破り申さず候ては叶い難し。征長落着の上は、諸藩有志の御方は直《ただち》に御上洛、心力の限御《かぎり》尽し成され、及ばずながら内輪専《もっぱら》心配仕り候。薩、肥、（ママ）越の三藩さしはまり候えば、其余の諸藩も響応仕るべく、何分此三藩一致の処第一にて、天下公共の国是相立て申し度《たく》存じ奉り候。」（『西郷隆盛伝』第三巻、四七頁）

「征長落着の上」が前提となっている以上、当然幕府は権力の中枢を握る。その幕府を薩摩、肥後（土佐の誤記か）、越前の三藩が協力して支え、四者の呼びかけで全国の諸藩が集会を持ち、「天下公共の国是」を定めるのである。すでに記したように横井や勝は「開鎖」問題の棚上げを唱えながら、その真意は「開国」にあった。「攘夷」論の長州藩を討伐した上で幕府と三藩が中心となって大名会議で決める「天下公共の国是」が、「開国」であることは明らかであろう。幕府と三藩が協力して「開国」を「国是」として定めるというのは、西郷復権前の島津久光路線の復活にすぎない。それは先に見た「薩長盟約」と正面から対立するものだったのである。

このように見てくれれば、「大政奉還」、「王政復古」、さらにそれに続く幕府と薩長の武力衝突にいたる、幕府派、中間派、倒幕派の三巴の対立が、「薩長盟約」締結の前後に形成されたことが明らかになろう。

幕府派、中間派、倒幕派の三巴の対立を、幕末政局を超えて一般化すれば、「保守派」と「中道派」と「革新派」の三巴となろう。こういう三極対立は、現実の政治では、保守派と革新派の正面衝突になるか、中道派と革新派の連合になるか、保守派と中道派の連合になるかの変遷を経るのが通常である。あらかじめ種明しをしておけば、一八六七年旧暦六月の、「薩長盟約」ならぬ「薩土盟約」は、中道派と革新派の連合であり、それに続く「大政奉還」(旧暦一〇月)は、保守派と中道派の連合であり、一八六八年の戊辰《ぼしん》戦争は保守派と革新派の正面衝突である。

歴史学者や歴史愛好者にとっては、三つの選択肢のどれが正しかったかが、最大の関心事であろう。しかし当事者たちは、答えを知らずに右往左往していたのである。本書の主人公西郷隆盛が、「保守派」路線を選択することはありえなかったが、「中道派」の途と「革新派」の途との間では、彼は迷いつづけていたように思われる。西郷は上下二院制を謳った「薩土盟約」を受け容れたし、その構想を横から奪った徳川慶喜の「大政奉還」に反対したわけでもない。彼が「戊辰戦争」の英雄になったのは、あくまでも試行錯誤の結果にすぎなかったのである。

第四章　大名の「合従連衡」から藩兵の「合従連衡」へ

1　「薩土盟約」と「大政奉還」

「薩土盟約」の到達点と弱点

すでに記したように、「中道派」がめざす「公議会」構想は、一八五九年に奄美大島に流される時から西郷が唱えていた「合従連衡」論の延長線上にあるものであった。本書の「はじめに」に記したように、一八六七年旧暦七月の末にイギリスの外交官アーネスト・サトウに会った時、西郷は「国民議会」設立の必要を熱っぽく説いたという。

七月末といえば、薩摩藩と土佐藩とが、将軍職の廃止と上下二院制（武士階級に限る）の設立に合意した「薩土盟約」からわずか一ヵ月後のことである。先に見た「薩長盟約」だけではなく、「薩土盟約」についても、西郷は本気だったのである。

土佐藩側から後藤象二郎《ごとうしようじろう》、福岡孝弟《ふくおかたかちか》ら重臣四人、薩摩藩側からは家老の小松帯刀と西郷と大久保の三人が出席したこの会合で一致を見た合意文書は、次のようなものであった。

「一、天下の大政を議定する全権は朝廷に在り、我皇国の制度法則一切の万機、京師

〔都〕の議事堂より出《いず》るを要す。

一、議事院を建立するは宜《よろし》く諸藩より其入費を貢献すべし。

一、議事院上下を分ち、議事官は上公卿より、下陪臣庶民に至る迄、正義純粋の者を撰挙し、尚且《なおかつ》諸侯も自ら其職掌に因《よつ》て、上院の任に充《あ》つ。

一、将軍職を以て、天下の万機を掌握するの理なし、自今宜く其職を辞して、諸侯の列に帰順し、政権を朝廷に帰す可きは勿論なり。（下略）」（『幕末政治と薩摩藩』三七〇頁より。傍点筆者）

最初に傍点を付したところから明らかなように、「京師の議事堂」で決定されるのは、これまでの内容不鮮明な「国是」ではなく、「制度法則一切の万機」である。次に傍点を付したところから明らかなように、「公卿」と「諸侯」が「上院」議員に、「陪臣庶民」が「下院」議員になるのである。「公卿」や「諸侯」は「撰挙」するわけにはゆかないから、せいぜいのところ「互選」であろうが、下院議員は選挙されるのである。もっとも、「陪臣庶民」と言っても、「庶民」の方は語呂合わせ程度のもので、各藩の武士から選挙するつもりだったろう。公卿と大名とその家臣からなる二院制だから「封建議会」であることは間違いない。

しかし、この時から二三年後の一八九〇年に発足した大日本帝国議会においても、貴族院は主として旧公卿と旧大名によって構成されていた。衆議院の方は「陪臣庶民」の順を逆転して、旧武士が従で農村地主が主となっていたが、議員を選挙する有権者は五〇万弱にすぎなかった。もっとも、租税を納入しない武士が下院を独占する「薩土盟約」とは違って、当時唯一の直接国税の納入者が衆議院議員となって、租税の支途について政府を監督する帝国議会の方が、はるかに議会制に近いものだったことは否めない。

しかし、「薩土盟約」の弱点は、その議会制としての不完全さにあったわけではない。明治維新以前にできた議会制構想としては、相当の水準に達していたものと言えよう。一八五九年以来の西郷の合従連衡、一八六三、六四年の幕府開明官僚の公議会構想は、立合人をつとめた坂本竜馬《さかもとりようま》も含めて、薩摩藩と土佐藩の代表によって、完成の域に達したのである。

しかし、第一五代将軍に就任した徳川慶喜がこの「薩土盟約」の内容を受け容れて一介の徳川藩主として上院議員に就任したとして、先の「薩長盟約」で薩摩藩が長州藩に約束した「冤罪」を雪ぐ方はどうなるのであろうか。「薩土盟約」のどこにも、長州藩の「冤罪」を雪ぐという条文はない。

「薩長盟約」と「薩土盟約」の両立

西郷隆盛という人物は、みだりに「乱」を好むタイプではなかった。一八五九年初めの奄美大島配流に当って、彼は大久保利通の「突出」計画を暴勇として諫めている。また、一八六二年の島津久光の単独出兵に際しても、「合従連衡」の方が先であると反対している（第一章、第二章）。

しかし、西郷は「義」を最重視する政治家でもあった。それは、二度目の流刑の危険を冒しても、かつての盟友で「尊王攘夷」派の平野国臣との会見を断行したことに、端的に表われている。

そのような西郷には、将軍に「大政奉還」を迫る「薩土盟約」に調印したからといって、武力を行使しても長州の「冤罪」を雪ぐと誓った「薩長盟約」の方を反故《ほご》にする気はまったくなかった。「薩長盟約」の締結に立会った小松帯刀、西郷隆盛、大久保利通の三人は、「薩土盟約」の調印の直後に、長州藩側の使者に、武力をもっても長州藩の「冤罪」は雪ぐと再確約したのである（佐々木前掲書、三七三～三七四頁）。

しかし、薩摩、長州、土佐、安芸（広島）の諸藩が京都や大坂に出兵して将軍に辞任を迫り、その上で上下両院を設立するという「薩土盟約」の実現方式について、土佐藩の代表たちは実質上の藩主山内容堂の了承を得られなかった。土佐藩は徳川慶喜の自発的な将軍職返還に期待する路線に転換したのである（同前書、三八四頁）。

小松帯刀

実質上の藩主山内容堂がなお最終的な決定権を握っていた土佐藩とは違って、薩摩藩では家老の小松帯刀と下級武士の西郷や大久保が、国元の島津久光や上層武士と同等の力を持ちはじめていた。なかでも西郷隆盛の薩摩藩兵への影響力は、日々強化されていた。しかし、すでに前章までに明らかにしてきたように、土佐の山内容堂に当る薩摩の島津久光は長く西郷と敵対関係にあり、薩摩藩でも西郷の武力倒幕に対する風当りは強くなってきていた。その典型的な事例は、「薩長盟約」以来西郷や大久保を支えてきた家老の小松帯刀の離反である（高村直助『小松帯刀』一八六～二〇〇頁）。

政府はどこに、議会の実権はどこに？

「薩土盟約」の要求を徳川慶喜が受け容れたとして、それは二院制の「議会」が発足するにすぎない。議会が監督する「政府」は、どこにあるのであろうか。今日のように「下院」が首相を選び、首相が閣僚を選ぶシステムを一世紀半も前の封建制の下で実現できたはずはない。

それだけではなく、公卿と実質上の藩主で構成される「上院」に、その家臣団から選ばれる「下院」が対等の発言力を持てるかどうかさえ疑問であった。「家臣団」の力は、薩摩藩と長州藩では相当に強くなっていたが、土佐藩や越前藩では「家臣団」は、実質的な藩主山内容堂や松平春嶽の支配に服していた。「上院」の方が「下院」よりも力が強くなる状況だったのである。

日本最大の徳川藩を代表して慶喜がこの「上院」の議長に就任すれば、二院制の下における旧将軍や藩主の力は、以前とあまり変わらないであろう。

それでは、この「上院」が同時に政府になれるのであろうか。将軍の下に老中、若年寄、大目付、目付、奉行がいたように、大藩にもそれなりの官僚組織があった。幕府の五役が禄高によって規定されていたのと同様なシステムとはいえ、家の格と藩内での役職とが同じものではなかったことは、先に西郷復権後の薩摩藩で見たとおりである。彼らの補佐なしに、島津久光、松平春嶽、山内容堂、伊達《だて》宗城《むねなり》らが国政を運営できるわけはなかった。そうなると「上院」が内閣となって「下院」が官僚組織になるのであろうか。しかし、薩摩藩でさえ七七万石を統治した経験しかない。「下院」が全国を担当する官僚組織となるとすれば、旧幕府の官僚組織を中心に再編成するしかなかったであろう。

藩兵間での「横断的結合」

前章まででくりかえし指摘してきたように、一八五八年の「安政の大獄」以来、西郷が一貫してつとめてきたのは、各藩有志の「横断的結合」であった。しかし、徳川家を議長とする上下二院制の下では、この「横断的結合」はその力を発揮できないし、さりとて全国を支配する官僚組織が、この「横断的結合」から直ちに生れてくるとも思えない。

このように「下院」での「横断的結合」の有効性が疑問になってきたのに代って、各藩の軍隊の「横断的結合」が効力を発揮してきた。そして一八六四年に復権した時から、西郷は薩摩藩兵の中心的指導者となっていた（第三章参照）。「薩土盟約」の締結ののちに、武力倒幕の可能性を含んだ「薩長盟約」の強化を迫る長州藩の使者に対して、西郷は薩摩藩兵の統轄者として、具体的な出兵計画を説明している。家臣間の「横断的結合」（「下院」）から「藩兵」間の横断的結合への変化に着目する筆者にとっては重要な史料なので、ここでもまた、佐々木克氏の『幕末政治と薩摩藩』からの再引用を許してもらいたい。

「藩邸居合の兵員、千人之あり候間、期を定め、其の三分の一を以て、御所の御守衛に繰込み、此時正義の堂上〔公卿〕方残らず御参内、御詰め成され候。今一分を以て会津邸を急襲仕り、残る一分を以て堀川辺幕兵屯所を焼払い候策に之あり候。且《かつ》国許へ中越し、兵員三千人差登り、是は浪花城〔大坂城〕を抜き、軍艦を破砕する為、尚江戸表に定府其外取合せ千人位罷り居り、外に水〔戸〕藩浪士等同志の者、所々潜伏仕り居り候に付き、是を以て甲府城に立籠《たてこも》り、旗下の兵隊京師に繰込み候を相支え候積りにて、（中略）弊国〔藩〕斃《たお》れ候時は、又跡を継ぎ候藩も之あるべしと、夫《それ》を見詰めに一挙動仕り候心算に御座候」（佐々木前掲書。三七四頁より再引用。傍点筆者）

今や薩摩藩兵約五〇〇〇人を自由に動かす軍人西郷隆盛の姿が鮮明に描かれている史料である。このような西郷が、「薩長盟約」により長州藩兵と結びつき、さらには「薩土盟約」にもとづき後藤象二郎が率いて上京してくるはずの土佐藩兵と力を合わせ、その上に薩長に協力を約している安芸（広島）藩が加われば、薩長土芸の四藩兵は、先に記した徳川慶喜、松平春嶽、山内容堂、島津久光らが構成する「上院」に、十分に対抗できる。徳川藩主に薩・越・土の三藩の事実上の藩主を加えた「上院」に対をなすのは、有力家臣で構成される「下院」ではなく、薩長土芸四藩の藩兵連合になってきたのである。

すでに記したように、後藤象二郎は、山内容堂に反対されて西郷らとの出兵約束を果せなかった。そのかわりに、土佐藩は徳川慶喜に自発的な将軍職辞退(「大政奉還」)を納得させた。王政復古クー・デターの約二ヵ月前の、一八六七年旧暦一〇月のことである。

2 「官軍」の形成と二院制

大政奉還と三藩出兵

薩長土芸の四藩が兵を京都に出して、将軍慶喜に将軍職の返還を迫るという「薩土盟約」は、土佐藩の変心で実現しなかった。その時、西郷は「上下二院制」に見切りをつけたようである。彼は大久保利通とともに、長州藩と二藩出兵の確約書を交わし、さらに安芸藩もこれに加わった(九月)。一〇月に入ると、土佐藩と薩長芸三藩は、「平和革命」と「武力革命」に両極化したのである。先に記した図式によれば、「中道派」の土佐藩が「保守派」の幕府との連合を選択したため、「革新派」の西郷らが、いまだ朝敵の位置にあった長州藩との「革新派連合」を最終的に選択したのである。

一八六七年旧暦一〇月一四日の徳川慶喜による「大政奉還」から旧暦一二月九日(西洋暦一八六八年一月三日)の「王政復古」を経て、一八六八年旧暦一月三日の鳥羽・伏見の戦いにいたるまでの二ヵ月半の政局が複雑をきわめたものだったことは、これまでの先行業績で十分明らかになっている。たとえば西郷の盟友で薩摩藩家老の小松帯刀や、「薩長盟約」と「薩土盟約」のどちらにも立会人として同席した土佐藩の坂本竜馬は、徳川慶喜の自発的な「大政奉還」と二院制で満足した。それだけではない。薩摩藩第一の軍事指導者として西郷を支えてきた伊地知正治でさえ、将軍職を返還した徳川慶喜に、徳川「八百万石」と「内大臣」の地位を維持させ、上院の議長として迎えることを主張していた（高村前掲書、二一三頁。宮内庁編『明治天皇紀』第一巻、五一九頁、吉川弘文館。『大久保利通関係文書』第一巻、六二頁）。

しかし、七月にはイギリスの外交官に「国民議会」の必要性を熱っぽく説いた西郷は、三ヵ月後の大政奉還の時には、徳川慶喜を上院議長にする二院制から、軍事力を握る各藩有志の「横断的結合」に、完全に軸足を移していた。西郷と大久保は、長州藩や安芸藩と出兵の協定を結んだだけではなく、土佐藩の少数派の板垣退助《いたがきたいすけ》や谷干城《たにたてき》とも、出兵の密約を結んでいた。この密約は、後の戊辰戦争において土佐藩のために役立った。

議会の形骸化と官軍の実体化

一八六七年旧暦一二月九日の王政復古から一八六八年旧暦一月三日の鳥羽・伏見の戦い

までの約三週間の間に、上下二院制の実態も四藩兵の官軍化も、ともに明らかになってきた。

二院制の方は、議定《ぎじょう》（上院）と参与《さんよ》（下院）によって構成された。議定は、親王と上層公卿合わせて五名と尾張、越前、安芸、土佐、薩摩の五藩（後に長州を加えて六藩）の藩主か事実上の藩主で構成された。参与の方には岩倉具視《いわくらともみ》らの中下層公卿と前記五藩の家臣三人ずつが任命された。注目すべきは、一介の藩士と同等に扱われた中下層の公卿の要求により、参与が上参与と下参与に区分されたことである。このままでは、議定にも上参与にもなれない大久保利通や後藤象二郎らの議院内での影響力は、限られたものになったろう。

しかし、各藩の家臣たちの発言力は、上京してきた藩兵の「合従連衡」によって強まっていった。なかでも、一月二七日の新帝による薩長芸土四藩兵の観兵式は、いわば官軍の形成式であり、単に幕府に対してだけでなく、二院制のなかでの議定や上参与に対する下参与の存在感を示したものでもあった。土佐藩兵を率いてこの観兵式に臨んだ谷干城の日記風の回想録から、当日の模様を見てみよう。

「二十七日に至り日御門《ひのごもん》〔建春門〕前に於て、薩、長、土、芸四藩の観兵式の天覧あり。流石《さすが》に薩は、服装帽も皆一様にて英式に依《よ》り、大太鼓、小太鼓、笛等の楽隊を先頭に立て、正々堂々御前を運動せる様《さま》、実に勇壮活潑、佐幕者をして胆を寒からしむ。薩に次ぐは長、長に次ぐは芸、而《しかし》て我は唯二小隊のみ。服装亦《また》一定せず、兵式は旧来の蘭式なり。我輩軍事に関する者、遺憾に堪えざるなり。（中略）各藩歩兵のみなりしが、薩は一隊の砲兵最後を行軍せり。此《かく》の如き盛大の観兵式は、余未《いま》だ曾《かつ》て見ざる処なり。」（島内登志衛編『谷干城遺稿』上巻、五九頁。靖献社）

この観兵式の翌日、西郷から急使が来て、谷は西郷の下に駆けつけた。その時の模様を、谷は次のように記している。

谷干城

「二十八日に至り西郷より急使来《きた》る。余直《ただち》に行く。西郷莞爾《かんじ》として曰く、はじまりました、至急乾《いぬい》〔板垣退助〕君に御通じなされよ。」（同前書同巻、同頁）

何がはじまったのであろうか。谷は

次のように続けている。

「去《さる》二十五日、庄内、上《かみ》の山《やま》の兵、三田の〔薩摩〕藩邸を砲撃し、邸は已《すで》に灰燼《かいじん》と成り、兵端已に彼れより開く。寸時も猶予すべからず、と。」（同前書同巻、同頁）

それでは土佐藩兵は間に合わないのではと焦る谷に、西郷は、「此度は中々二十日や三十日にて始末の附く事にあらず、一刻も早く〔土佐へ〕行かるべし」、と答えている。この時点で西郷は、鳥羽・伏見の一戦だけではなく、本格的な戊辰戦争を想定していたのである。

「中道派」の敗北

薩摩、長州および土佐の板垣派が幕府軍との長期戦を覚悟していたのに対し、越前藩と土佐藩主流派は、徳川家の処分を将軍職の返上だけにとどめることで、旧幕府と薩長の正面衝突を回避しようとつとめていた。その際に両藩が根拠としたのは、徳川藩も含めた全国大藩の「議事」の開催であった（『西郷隆盛伝』第四巻、四〜五頁）。

しかし、「保守派」と「革新派」の和解というのは、容易には実現しない。「革新派」の方が建春門前での軍事パレードで威容を誇示したのに対し、大坂城に結集した幕府軍も、薩長軍との戦闘は望むところという態度を表明していたのである。「中道派」の松平春嶽の使いとして大坂城に赴いた中根雪江に対して、若年寄の永井尚志は、朝廷が「過去を悔い〔十二月〕九日以前へ返られ」、薩長の「二賊を除くこと、方今の急務」と言い切り、「薩邸へ打込む勢は十分にこれあり」と胸を張っている（同前書同巻、一五頁）。幕府と薩長の両極を封建二院制のなかに組み込もうとする土佐や越前などの「中道派」の工作を無視して、両極は軍事的解決に突き進んでいったのである。

勝海舟との再会

よく知られているように、一八六八年旧暦一月三日と四日の鳥羽・伏見の戦いで薩長両軍は数で倍する徳川軍を打ち破り、薩長両軍は「官軍」に、徳川軍は「賊軍」になった。江戸に遁《のが》れた徳川軍の追討のため、二月九日に東海、東山、北陸、奥羽の先鋒総督兼鎮撫使が置かれたが、西郷は、東征大総督有栖川《ありすがわ》熾仁《たるひと》親王に直属する参謀に任ぜられた。四道からなる先鋒総督を束ねる大総督府の、形式上のナンバー2、実質上の総指揮官となったのである。四道に分かれた征討軍の参謀には、薩摩、長州、土佐、宇和島などの藩兵指導者が選ばれた。ちなみに、鳥羽・伏見戦争の直前に西郷から急報をもらった土佐の板垣退助は、この江戸総攻撃には東山道軍の参謀として最初から加わっている。

他方、江戸へ撤退した徳川軍では、勝海舟が陸海両軍の指導者に昇任した。勝の日記には、この昇進の唐突さがよく表われている。

「〔一月一七日〕夜、俄《にわ》かに海軍奉行並、命。且《かつ》は京師より問罪の官軍、東下す。」

「〔一月二三日〕夜中、陸軍総裁、若年寄、仰せつけらる。

小臣、陸軍は敢えて望む所にあらず。然るに陸軍の士官等申す旨あり、固辞すれども免れず。（中略）一時に官位高きは尤《もっと》も恐るる処、況《いわ》ん哉《や》無能不才の身、その憚《はばか》り少なからず、強いて若年寄の儀、御免を希う。終《つい》に止めらる。」

「〔一月二四日〕席の処、若年寄次席と心得べき旨、御書付出《いず》る。」（以上『勝海舟全集』第一九巻、六頁、九頁）

江戸総攻撃軍の実質上の最高指揮官が西郷隆盛、迎え討つ徳川藩の陸軍総裁兼海軍奉行が勝海舟、両人は三年半前にはじめて会談した時には想像もしなかったかたちで、再会を果すことになったのである。

両者の会談は、一八六八年旧暦三月一三、一四日の両日に行われた。本格的な会談は一四日の方だったようである。
三年半前の会談では相手の器量に圧倒されたのは西郷の方だった（第三章）。今度は勝が西郷の決断力に舌を巻く番だった。官軍がこのまま江戸城に総攻撃をかける前に、無血開城の交渉に入ってもらいたいと嘆願する勝に、西郷は次のように答えたという。

「西郷申して云《いわ》く。我一人、今日是等を決する能わず。乞う、明日出立、〔駿府の〕督府へ言上すべし。亦明日、侵撃の令あれども、といって、左右の隊長に令し、従容《しようよう》として別れ去る。亦、彼が傑出果決を見るに足れり。」（同前書同巻、三四頁）

西郷は翌日の江戸城総攻撃を独断で中止し、勝の要望を大総督に伝えに行くと約束したのである。
大総督参謀の要職にあるとはいえ、もとは薩摩藩の一介の下級武士である。このような独断専行は、海軍奉行時代はもとより、陸軍総裁となった今でも、勝には考えられないことであった。その衝撃を勝は次のように記している。

「薩藩一、二の小臣、上天子を挟《さしはさ》み、列藩に令して、出師迅速、猛虎の群羊を駆る

に類せり、何ぞその奸雄成る哉。」（同前書同巻、同頁）

三年半前には西郷をして「英雄肌合」の人物とうならせた勝が、今度は西郷の「奸雄」ぶりに感嘆しているのである。

亡びゆく組織と勃興する組織

一八六二年に軍艦奉行並に就任してから六八年に陸軍総裁に任命されるまで、六年間にわたって勝は海陸軍の要職にあった。その勝が、鳥羽・伏見への幕軍の進撃を止めることもできず、官軍の江戸城総攻撃を目前に控えて、西郷の軍門に下ったのである。

三年半前の会談で、西郷が智識と実行力の点で「ひどくほれ申」した勝も、身分制と合議制を複雑に組み合わせた幕府組織の下では、ほとんど身動きができなかったのである。

このことは、第三章（七五頁以下）で紹介した、一八六二年の勝の軍艦奉行並就任直後の幕府での会議を想起すれば、容易に理解できよう。勝はその日の模様を次のように日記に記している。

「〔一八六二年旧暦閏八月二十日〕登営。此日、御前に於て、閣老〔老中〕、参政〔若

年寄」、大目付、目付、御勘定奉行、講武所奉行、軍艦奉行、そのほか共、出席。海軍の議あり。（中略）我邦にて軍艦三百数十挺を備え、幕府の士を以てこれに従事せしめ、海軍の大権、政府にて維持し、東西北南海に軍隊を置かんには今よりして幾年を経ば全備せんやと。」（同前書第一八巻、三頁）

これに対する勝の人を喰った返答（「五百年」）については、すでに第三章で引用した。ここで問題にしたいのは、こういう大問題を問う時の、幕府の身分制と合議制である。すでに記したように、老中は四、五人で一〇万石前後の譜代大名から選ばれ、若年寄もほぼ同人数で二万石前後の譜代大名から選ばれる。大目付は四、五人、目付は一〇人前後、それに三奉行は旗本から選任される。合計三〇人前後の大会議であるが、会議の構成員の身分は、三段階に分かれている。こういう会議で最下位の軍艦奉行並が正論を述べても通るわけはない。幕末の勝海舟は、こういう制約のなかで行動していたのである。

勝の場合とは正反対に、にわかづくりの「官軍」のなかでの薩摩藩兵の勢力は絶大で、西郷は名実ともにこの薩摩藩兵の頂点にいた。

しかも薩摩藩兵内での西郷の勢望は、一朝にして作られたものではなかった。丸五年にわたる島津久光の弾圧に堪えて一八六四年に復権した西郷は、それから丸四年間にわたって薩摩藩兵の指導権を拡大しつづけてきたのである。一八六八年旧暦三月一四日の二人の会談は、亡びゆく旧体制側のリーダーシップの欠如と、新興勢力側の迅速な決断と実行との違いを、鮮明に示している。

3 西郷路線の限界

西郷の戦争指導に対する批判

しかし、「封建議会制」としての「合従連衡」を捨てて、倒幕諸藩の「藩兵連合」という別の「合従連衡」を選んだ西郷路線は、戊辰戦争が終われば効力を失う。旧幕府勢力との内戦に勝利するのは大前提であるが、この大前提を果してしまえば、にわかづくりの「官軍」には藩地に戻る以外の選択肢はなかった。彼らは名だけは「官軍」でも、その実質は、薩摩藩兵であり、長州藩兵であり、土佐藩兵だったからである。

その宿命に西郷自身が気付いていたかどうかはわからない。西郷はただ、官軍による全国制圧をめざして、旧暦九月二二日の会津若松城の開城まで、事実上の最高指揮官として転戦したのである。

江戸無血開城、彰義隊や、奥羽越列藩同盟との戦い、そして会津若松城の落城までの経緯はこれまでの諸研究で詳細に明らかになっているので（たとえば佐々木克『戊辰戦争』、中公新書など）、ここでは西郷の戦争指導に対する批判や疑問についてのみ、検討を加えておこう。

第一の西郷批判は同じ官軍のなかから出たものである。土佐藩兵を率いて東山道軍に加わった谷干城の西郷批判がそれである。

谷の批判は、西郷隆盛や伊地知正治の率いる薩摩藩兵が大総督府の中核をなし、その西郷が勝海舟との約を重んじ武力行使を抑制したために、幕兵が武器を持って会津をめざして逃走した、というものである（『谷干城遺稿』上巻、九〇～九二頁）。谷は、「期の如く〔三月〕十五日に打入れば、彼の備え未《いま》だ立たず、且議論も多端にして人々死守の心無き故、是を取るも難からず。一時力を以て此城を取らば、不逞の徒、胆落し、魄《たましい》奪い、野州、奥州の事も起らず、後の上野戦争の事にも至るまじく、真に遺憾なり」と記している（同前書同巻、九二頁）。

第二の西郷批判は、たびたび引用してきた西郷伝の著者自身によるものである。勝田孫弥は、会津藩の鎮定に当って、仙台、米沢、南部三藩が味方について先鋒に立つものと判断を誤り、わずか四〇〇〇人の官軍しか送らなかった西郷の処置を、次のように批判している。

「奥羽列藩同盟し、会・桑・幕の兵を合して官軍に抗するに至るや、北越及び白川口に迫ること尤も急激なりき。此報江戸に達せしは、恰《あたか》も徳川氏の処分を終り上野の兵〔彰義隊〕も鎮定し、関東全く平定に帰したるの日なりき。初め隆盛は、奥羽を以て奥羽を鎮定せんと欲し、唯その参謀に人物を特撰し、僅に薩長の兵少数を従えしめたり。故に大山《おおやま》〔綱良《つなよし》〕等の危難〔四〇〇人中三五〇人を失う〕は、又隆盛の責任尤も大なりき。」（『西郷隆盛伝』第四巻、一四七頁）

この二つの批判は、倒幕戦争の頂点での、西郷の軍事指導者としての資質に、疑問を呈したものである。

しかし、第一点の谷干城による西郷批判は、西郷をはじめとする薩摩藩兵の勝海舟への信頼の深さを、土佐藩兵が理解していなかったことからくるものであった。前章までに見てきたように、西郷が勝と知り合ったのは、三年半前からのことであるが、小松帯刀や吉井友実らは、それ以前から勝との交流があった。それ故に、西郷と勝の間で交わされた江戸無血開城の約束は、薩摩藩兵全員によって支持されたもので、勝を苦しめないということは、彼らの一致した立場だったのである。

このことをよく示す一つの事例が、四月三日に千葉の流山で捕えられた新選組の近藤勇《こんどういさみ》の処分をめぐっての、薩摩藩兵と土佐藩兵の対立である。西郷を騙《だま》した勝海舟が、幕兵や新選組を会津に逃していると信じていた土佐藩の谷干城は、近藤勇を拷問にかけて、勝や大久保一翁らの指揮で動いていることを白状させようとした。これに対し、官軍中の薩摩藩兵を率いる西郷の盟友伊地知正治は、勝や大久保一翁の名前の出ることに反対し、官軍総督に次のように言い切ったという。

「此事独り我共の論計《ばかり》にては之なく、薩州の論なり。此儀を御採用なき時は、兵を率い帰る（中略）。是迄の大業は誰の成せしに候や（下略）」（『谷干城遺稿』上巻、一〇〇頁）

「官軍」と言っても、その実質は薩摩や長州や土佐の藩兵であり、なかでも薩摩藩兵の貢献度や実力は群を抜いていたのである。そして西郷隆盛だけでなく薩摩藩兵の指揮官たちは、勝海舟や大久保一翁などの旧幕府内の開明派を尊敬していた。たとえ旧幕兵が会津をめざして逃走したとしても、その責任を勝らに負わせる気は、まったくなかったのである。

第二の、『西郷隆盛伝』の著者自身による西郷批判の方はどうであろうか。西郷は、薩長兵わずか四〇〇人を派遣しただけで、後は仙台、米沢、南部三藩の兵力で会津を落とせると楽観していたのであろうか。

筆者は、西郷が最初から大軍を東北に送らなかった（送れなかった）理由は、兵士の疲弊と藩財政の枯渇にあったものと考える。薩摩藩や西郷がこのことを直接に記した史料は未見であるが、同じく官軍に属する土佐藩が、藩財政の困窮を理由に増兵を断ったことを示す史料はある。約四〇〇人の薩長軍が東北で大敗した直後の六月一六日の日記に、谷干城は次のように記している。

「此時、我兵を北方に出すべき内命あり。然るに財政の都合により、已《や》むを得ず御断に成りし由。余窃《ひそか》に思う、薩、長は奥羽は勿論越後地方へも多分の兵を出せり。我藩只奥州一方のみ。是れ遺憾なり。是を当路に説く、皆同感なれども、只軍資の一点頗《すこぶ》る困難なりとす。時に北越の官軍大敗の報あり。」（『谷干城遺稿』上巻、一三三頁）

一八七一（明治四）年の廃藩置県までは、「官軍」の費用は各藩によって支払われていたという当然の事実が、「官軍」の名称のために忘れられがちなのである。

土佐藩兵の出征費が土佐藩によって支払われていた以上、薩摩藩兵の費用も薩摩藩によって負担されていた。だからこそ西郷は、東北三藩に期待して、わずか四〇〇前後の薩長軍で会津を攻略しようとしたのである。

その作戦が失敗した以上、西郷は国元へ戻って、藩兵の大動員に薩摩藩の同意を得るしかなかった。『西郷隆盛伝』の著者は、「此多事の日に方《あた》りて隆盛の帰国せし」ことを訝《いぶか》っているが（第四巻、一四八頁）、その原因は、真の意味での「官軍」がまだできていなかったことにある。

「官軍」の解散

一八六八（明治元）年九月二二日に会津藩が、同二七日に庄内藩が降伏した時、鳥羽・伏見戦争以来八ヵ月にわたる戊辰戦争は官軍の勝利に終った。一〇月に東征軍が解散すると、西郷は北越地方から江戸に到り、一一月には鹿児島に帰藩した。

幕府打倒の最大の功労者だった西郷隆盛が、何故に中央政府の要職に就かず、薩摩藩兵とともに鹿児島に帰ってしまったのか、これは長く歴史研究者を悩ましてきた疑問である。本書でたびたび引用してきた勝田孫弥の『西郷隆盛伝』の次のような記述も、その説明というよりは、疑問の呈示にとどまっているように見える。勝田は次のように記している。

「会津、庄内既に落城して奥羽の地平定に帰し、官軍の諸藩兵を挙げて凱旋するや、輿望《よぼう》は隆盛の一身に集り、天下皆其一挙一動に注目せしが、或は隆盛当《まさ》に廟堂《びょうどう》の上に立ち、首相の任に当りて政治を総攬《そうらん》すべしと思惟し、或は第二の徳川氏を以て隆盛に擬するものありき。然れども、名利《みょうり》を度外に置き、権勢を見る、亦塵埃《じんあい》の如くなるは、実に隆盛の特性なり。且つ夫《そ》れ当時薩藩の俊英及び諸隊は、隆盛を仰ぐこと師父の如く随従して離れず、従て隆盛もまた、独り去りて廟堂に立ち得るの形勢にあらざりき。加うるに、薩藩に於ける諸種の関係は、益《ますます》その退隠《たいいん》の念を熾《さか》んならしめたり。故に、奥羽の地平定するに及びては、隆盛は本国に退きて故山の閑地に其精神を養わんと欲し、悠然として鹿児島に帰れり。（中略）隆盛既に居を定むるや、間もなく壮士数人と僕《しもべ》一人とを従え猟犬数匹を曳き、高城郡日当山《ひなたやま》の温泉に赴きて山水を跋渉《ばつしょう》し兎を追い猪を狩り、以て静に其精神を養いたり。」（『西郷隆盛伝』第五巻、一〜三頁）

上野公園の西郷隆盛像を連想させるような最後の一文には、根拠がある。西郷にやや遅れて帰藩した伊地知正治は、翌一八六九（明治二）年一月の大久保利通宛の手紙で、帰藩後の西郷の様子を次のように報じている。

「入道先生には、既に四、五十日位日当山《ひなたやま》に湯治、犬四、五疋、壮士両人若《も》しくは三、四人同道の由御座候。」(『大久保利通関係文書』第一巻、八〇頁)

このように西郷が藩兵とともに鹿児島に戻り、入湯と狩猟に日を消していたことは事実である。しかし、その理由についての勝田の説明は十分であろうか。勝田の挙げる三つの理由は、いずれも当ってはいる。名利と権勢にこだわらないという特性を西郷が持っていたことは、本書のこれまでの記述からも明らかである。また、第二点の薩摩藩兵が西郷を「師父」と仰いでいたことも、すでに記してきたことと一致する。第三の久光をはじめとする薩摩藩内の保守派の西郷路線への反発も、すでにたびたび指摘したところである。

問題は、何故に薩摩藩兵が「官軍」として江戸に在駐しなかったのか、という点にある。「官軍」として幕府とその支持勢力を鎮定したのだから、そのまま「官軍」として新政権を支えてもよかったのではなかろうか。

答えは設問のなかにある。「薩摩藩兵」は薩摩藩のものであり、新政権のものではなかったのである。それが封建制の特質であり、単に幕府を倒しただけでは変わらなかったのである。

「官軍」として薩摩藩兵を率いて幕府を倒して、薩摩藩兵として鹿児島に戻ることに、西郷自身は不満を抱いていたに違いない。しかし、薩摩藩兵全体が西郷と同じような「官軍意識」を、この時点で持っていたとも思えない。薩摩藩兵の意識を知る史料は未見であるが、同じ「官軍」の土佐藩兵が、土佐藩主への忠誠を第一と考えたことを示す史料はある。

同じく「官軍」に属した土佐藩兵も、同じ頃（一一月二四日）芝の増上寺に凱旋した。その翌日の谷干城日記の次の一文は、彼らが「官軍」ではなく「土佐藩兵」だったことを端的に示している。

「同二十五日、兵隊一統上邸馬場に於て我老公（山内容堂）に拝謁、御慰労の御意を蒙り、御酒肴料として金二分宛《ずつ》を賜えり。（中略）
同二十七日、英船を借り、旧兵皆国に帰る。（中略）（一二月）二日、後兵夕顔船にて江戸を発す。同五日、国に着す。公、致道館に臨み謁を諸隊に賜う。御慰労の御意を蒙れり。是より解隊、諸人雀躍して皆家に帰る。今日、余老親に謁し喜び極って暫く辞なし。今夕酒味殊に美なり。」（『谷干城遺稿』上巻、一七一～一七二頁。傍点筆者）

一一月二四日に芝の増上寺に凱旋した土佐藩兵は、その翌日には前藩主の山内容堂に拝謁を許され、先発隊は翌々二七日に、後発隊も一二月二日には高知に向けて出発し、五日に高知に着くと直ぐに藩主山内豊範《とよのり》に拝謁したのち解隊している。彼らは徹頭徹尾「土佐藩兵」であり、「官軍」的要素はどこにも見られないのである。約二年半後に薩摩、長州、土佐の三藩から七〇〇〇名弱の藩兵が「御親兵」として中央政府に献上される時まで、戊辰戦争を闘った彼らは、「藩兵」でありつづけたのである。

第五章　「革命」の終了と政権復帰

1　議会制か御親兵か

藩兵と公議所

戊辰戦争を勝利に導いた薩長土の三藩兵が帰藩してしまったあとの中央政府は、軍事力も全国的な支持基盤もない、単なる天皇政府であった。「王政復古」がいかに大切な旗印であったとしても、軍事力も「公議輿論」もなしに、それだけで約三〇〇の藩に分かれた日本全国を支配することは不可能であった。

「公議輿論」の制度化は、一八六九（明治二）年三月開設の公議所によって実現された。各藩から一人、合計二二七人の公議人が集って重要な国事を審議したのである。

西郷隆盛を主人公とする本書において重要なのは、戊辰戦争に勝利して帰藩した薩摩藩兵とこの公議所（七月に集議院と改称）の関係である。

新政府と各藩の代表と戊辰戦争の功労者の三者の関係が問われたのは、一八七〇（明治三）年旧暦五月に集議院で審議された中央政府の陸海軍事費への各藩の分担金をめぐってであった。原案は、たとえば一〇万石の藩においては一八パーセントに当る一万八〇〇〇石を中央政府に納めるというものであった（藩主用の一〇パーセントを除去した後の五分の一、すなわち、九〇パーセントの二〇パーセント）。

この原案に対して、戊辰戦争の功労者の筆頭ともいうべき薩摩藩が真正面から反対した。宮地正人氏の「廃藩置県の政治過程」という論文から再引用させてもらえば、薩摩藩権《ごん》大参事（副知事）としてこの会に出席した伊地知正治は、「管内の会計すら困究一同の折柄、更に歳入五分の一の献金を奉ずには、列藩の常備兵を残らず廃し候上ならでは相成り難く候」と言い置いて、鹿児島に帰ってしまった（坂野・宮地正人編『日本近代史における転換期の研究』五二頁。山川出版社）。ちなみに薩摩藩とともに戊辰戦争を戦った土佐藩でも、板垣退助、谷干城、片岡健吉《かたおかけんきち》らが、「我が高知藩の如き、戊辰の役に尽力、其れが為藩疲弊しているのに、賊軍に加担した東北、北陸の諸藩と同率の兵税をかけるとは何事か、と反発した。また彼らが「藩にて兵隊を養い、其上五歩一は両税の形」と批判している点も注目に値する（同前書、五一頁）。戊辰戦争中の「官軍」の中核をなした薩摩藩兵や土佐藩兵は、今や中央の陸海軍とは無関係に自藩の軍事力の充実に努めていたのである。

問題は薩摩藩を代表して「五分の一」兵税に反対しているのが、伊地知正治だったことである。彼が戊辰戦争中は言うまでもなく、一八六四年の西郷の復権以来六年間にわたって西郷隆盛の軍事面での右腕だったことは、これまでにたびたび指摘してきた。戊辰戦争

伊地知正治（国会図書館蔵）

終結後西郷に少し遅れて帰藩した伊地知が、今や権大参事として薩摩藩を代表して上京していたのである。伊地知の主張は西郷の意見でもあったとみて、まず間違いないであろう。

「官軍」の再結集

よく知られているように、一八六九から七〇（明治二〜三）年にかけて、全国約二三〇の藩代表を集めて開かれた公議所・集議院の意向は、驚くほど保守的で身分制的なものであった。森有礼《もりありのり》や神田孝平《かんだたかひら》らが提案した「四民平等」や「文明開化」のための施策は、ほとんどすべて否決されたのである。たとえば、士農工商の身分にかかわらず、今日のような姓と名を用いるべきであるとする原案は否決され、武士だけが姓名を用いるとする修正案が八〇パーセント以上の賛成で可決されている（吉野作造編『明治文化全集・憲政篇』五五〜五六頁。日本評論社）。また江戸時代以来の藩制を維持するか（「封建」）、それを廃して中央集権制に変えるか（「郡県」）の諮問に対し、「郡県」と答えた藩はわずか六一で、「封建」のままを主張した藩は一一五もあったのである（同前書、六四～六九頁。なお、どちらとも言えない灰色の答申が四一件）。

このように保守的な一一五藩に、先に記したような旧官軍の藩兵至上主義を加えてみれば、明治二、三年の中央政府には権力基盤がほとんどなかったことが明らかになろう。

後者の旧官軍の実力行使の気配が中央政府に伝わったのは、薩摩の伊地知正治が集議院を途中退場してから四ヵ月ぐらい後のことである。「大兵を率い西郷出京にて、政府上を一洗するとの事にて、近日出京の勢」という情報が、土佐藩の参議佐佐木《ささき》高行《たかゆき》の下に入ってきたのは、一八七〇（明治三）年九月末のことである。注目すべきは、佐佐木がこの噂を、五月の伊地知正治の行動と一体化して考えていたことである。すなわち、「早く規則立ち、兵力も朝廷に帰する方法を立て、其筋に運びたる上にて、始めて条理公論も行わるるなるべし。（中略）伊地知などは病気と唱え帰藩する事も、科《とが》める力なし」と（佐佐木高行著、東京大学史料編纂所編『保古飛呂比《ほごひろい》』第四巻、四三四～四三六頁。東京大学出版会）。

戊辰戦争の両雄である西郷隆盛と伊地知正治の行動を抑えられる「兵力」を、どうしたら朝廷が持てるであろうか。

どういうわけか、歴史というものは「弁証法」的に展開する。ヘーゲルやマルクスが言ったという「対立物の止揚」である。戊辰戦争最大の功労者である薩摩藩兵を抑えるためには、中央政府がそれに優る兵力を持つ以外にない。しかし、「尊王倒幕・王政復古」の功労者である西郷や伊地知を除外して、中央政府が強力な兵力を持つことは不可能である。二つの課題が、いわば矛と盾との関係にあることが明らかになったとき、矛盾の解決策は自ら明らかになるのである。

〝毒を以て毒を制す〟という表現は、西郷を尊敬する筆者としては使いたくない。しかし、西郷や板垣退助をふたたび「官軍」の指揮者にすることが、唯一の解決策だったことは明らかである。

一八七〇（明治三）年一二月末に大納言の岩倉具視は、薩摩藩出身の参議大久保利通と長州藩出身の参議木戸孝允を従えて、天皇の勅使として、薩長土三藩に藩兵の一部を「官軍」に差し出すよう命じた。いわゆる三藩献兵、御親兵の設置である。鹿児島に戻った大久保は在京の吉井友実に、「老西郷面会、篤《とく》と談合を遂げ候処、同人旨趣においては申迄もなく」と報じている（『西郷隆盛伝』第五巻、三八頁）。ただ、西郷の主筋であり、同時に一〇年来の仇敵でもあった島津久光は、薩摩藩兵の中央政府への献上に激しく抵抗した。戊辰軍団がふたたび西郷の統率の下に「官軍」となれば、久光や島津忠義（茂久。鹿児島県知事）の勢力は半減してしまうからである。

薩摩、長州、土佐の三藩兵が、今度は正式な「官軍」として再結集すれば、日本全国にこの「官軍」に抵抗できる勢力はありえない。『西郷隆盛伝』の著者（勝田孫弥）は、薩摩藩における藩兵献上の決定と西郷の政府復帰について、次のように記している。

「初め元治元年〔一八六四年〕天下の形勢切迫するや、隆盛は南海の孤囚より起りて勤王党の連合を計り、遂に維新の大革新を成功したり。今や又一大変革を断行して年来の大目的を達せんと欲し、再び薩南の草蘆《そうろ》を出でて、奮然興起するに至れり。」（同前書同巻、四二頁）

2 西郷における「革命」の終了

「尊王倒幕」運動の帰結としての廃藩置県

徳川幕藩体制と明治国家との違いを決定づけたのは、言うまでもなく、一八七一（明治四）年の廃藩置県である。それは、「封建制」から「郡県制」の変化などという表現に納まるものではなかった。藩主が領地と領民と家臣を持って一種の独立王国を形成するシステムは、一二世紀末の鎌倉時代から、七〇〇年近く続いてきた。それが一朝にして廃されたのが、一八七一年である。

筆者にとってもっと驚きだったのは、本書の主人公西郷隆盛が廃藩置県を、彼の一貫した「尊王倒幕」の実践の到達点と、自ら位置づけていたことである。事実の問題としてならば、戊辰戦争の帰結が三藩献兵であり、三藩献兵の帰結が廃藩置県であり、そのどちらも西郷抜きには考えられないことは、筆者も十分に理解していた。しかし、西郷が廃藩置県という革命を、自己の一〇年余にわたる「尊王倒幕」運動の帰結として自覚していたとまでは、想像していなかった。元家老で西郷とともに薩摩藩権大参事になっていた桂久武《かつらひさたけ》に西郷が送った、一八七一（明治四）年七月一八日（廃藩置県の四日後）付の手紙は、筆者にとってはきわめて重要なものである。

彼は、今日の言葉で言えば「グローバリゼイション」のなかで、国が三〇〇近くに分かれていては、日本国家は生き残れないことを強調する。

「外国人よりも、天子の威権は相立たざる国柄にて、政府というもの国々四方に之ありなど申触れ、頓《とん》と国体相立たずと申述べ候由。当時は万国に対立し、気運開き立ち候に付ては、迚《とて》も勢い防ぎ難き次第に御坐候間、断然公義を以て郡県の制度に改められ候事に相成る命令相下され候時機にて候。」（『西郷隆盛伝』第五巻、六四頁。傍点筆者）

次に西郷は、尊王倒幕の魁《さきがけ》でありつづけてきた薩摩藩が、この廃藩置県に反対するならば、自ら「官軍」を率いて征伐する、とも読めるような一文を、薩摩藩権大参事の桂久武に書き送っているのである。

「此際に乗じ、封土返献の魁《さきがけ》よりして天下一般の着眼と相成る上は、色々議論相立て候ては是迄勤王の為に幕府掃蕩遊ばされ候御主意も相貫けず、殊に頼朝以来私有の権を御一洗あらせられ候御功積（ママ）も相立て難き事に候えば、決《けっ》して異議は之あるまじく候えども、旧習一時に廃し候事に候えば、異変之なしとも申し難き国々も相知れざるに付、朝廷に於ては戦を以て決せられ候に付、確乎として御動揺あらせられず候間、夫《それ》丈《だけ》は御安心下さるべく候。」（同前書同巻、同頁。傍点筆者）

文中の主語が薩摩藩の保守派なのか、廃藩に不満な他藩なのかは、はっきりしない。しかし、領主の「私有の権」を取り上げる廃藩置県が尊王倒幕の必然的な帰結であり、それに抗するものは御親兵が征伐すると西郷が断言していることは確かである。

欧米諸国の眼を意識して諸藩の独立を否定し、さらにそれを領主による「私有の権」の廃止と位置づけ、反対するものは御親兵が征伐するというのだから、西郷がめざしていたのは近代的な意味における「革命」だったのである。

西郷の時代の終焉

このことを裏返せば、「廃藩置県」を以て、西郷の長年の目標が達成されてしまったことになる。

一八五八年に藩主斉彬の命により一橋慶喜擁立のために有力諸藩の藩主と家臣の「合従連衡」につとめて以来、五年にわたる孤島での囚人生活の間にも、「王政復古」への西郷の信念が変わることはなかった。その手段は、幕政の改革から二院制議会へ、さらには薩長土三藩の藩兵間の横断的結合へと、少しずつ変化していった。しかし、その底流にあった「尊王」とは、最終的には、天皇と国民の間に介在する幕府や藩の廃止による、中央集権的な日本国家の樹立にまで発展していくものだったのである。

廃藩置県は当然の帰結として藩の家臣たちの身分をも撤廃させる。幕府を倒し藩をなくして、その家臣たちだけが、家禄をもらい二本の刀を差している根拠はないからである。筆者は、そこまでは西郷の視野に入っていたと考える。「官軍」としての御親兵は、あくまでも天皇の軍隊であり、薩摩藩や長州藩の軍隊ではなかった。廃藩置県は、この「官軍」が「戦を以て決」するのであり、その後には「藩士」は存在しなくなるのである。

しかし、「尊王倒幕」、「王政復古」、「廃藩置県」の功労者には、統治の経験も、欧米文明の深い造詣もなかった。五年間の孤島生活と一年間の内戦を除いた六年間（一八六四〜六八年、一八六九〜七一年）においても、西郷の役割は倒幕運動の組織化であった。大久保利通と違って、彼は薩摩七七万石の運営にかかわったこともなかった。

西郷は大枠においては、欧米文明も立憲政治も理解していた。彼は佐久間象山を尊敬し、勝海舟に圧倒され、アーネスト・サトウに「国民議会」の必要を説き、欧米列強に伍すための統一国家を樹立した（「廃藩置県」）。

しかし、一八七一年に樹立された統一国家をどう運営するのかについては、基本的な知識も必要な経験もなかった。一八五八年から七一年にいたる一三年間の彼の経験は、囚人と革命運動と革命戦争に限られていたのである。

統治体験の欠如

一八七一（明治四）年旧暦七月一四日に廃藩置県の詔が出ると、その当日に政府の人事改正が行われ、西郷、木戸、板垣、大隈重信《おおくましげのぶ》の四人が参議に任命され、大久保は参議を罷《や》めて大蔵卿専任となり、岩倉具視すら一旦は外務卿に退いた。四参議の上には右大臣の三条実美が居るだけであるから、四参議が政府の実権を握った。なかでも、七〇〇〇名弱の御親兵を握る西郷は、いわば参議筆頭の地位にあり、明治政府の最高権力者と言っても過言ではなかった。

しかし、実権を握った瞬間に、先に記したような西郷の統治体験の欠如が明らかになってきた。幕末薩摩藩の富国強兵に貢献した実務家五代友厚《ごだいともあつ》は、この新体制を導く上で西郷に欠けているものが何であるかを、的確に指摘していた。彼は、長年志を同じくしてきた薩摩藩士野村宗七《のむらそうしち》(当時埼玉県令)宛の手紙のなかで、次のように記している。


「大和尚〔西郷のこと〕は、所持の山林、其樹木当時役に立たず、大隈・木戸の林は、山林中に良材あって助ける故に、日々盛りと云えり。大和尚の地内にある樹木、追々、諸省諸寮に出仕、井中に居る時は、余程威張りたれども、石は閉口、何の用にも立たずとの説あり。」(日本経営史研究所編『五代友厚伝記資料』第一巻、一六二頁。東洋経済新報社。明治四年一一月一三日付)

西郷だけではなく、その配下の者たちも、倒幕運動と倒幕戦争に専念してきたため、中央政府の官庁(諸省、諸寮)の役人になっても、「何の用にも立た」なかったのである。

西郷隆盛を主人公とする本書では、長州の木戸孝允配下の井上馨《いのうえかおる》、伊藤博文《いとうひろぶみ》、肥前(佐賀）藩出身の大隈重信らの、明治初年以来の大蔵官僚としての実績については触れることができなかった。詳しくは拙著『未完の明治維新』（ちくま新書）の七〇〜七九頁を参照してもらうとして、ここでは右に引用した五代友厚の手紙にある、「大隈・木戸の林は、山林中に良材あって助ける」という一文が嘘ではなかったことを、ごく簡単に示しておきたい。

大隈重信は肥前藩の出身だから、西郷、木戸、板垣、大隈の四参議体制は、「薩長土肥」の体制として知られている。たしかに幕末の肥前藩は、「富藩強兵」の模範生であり、その点では西郷や大久保の薩摩藩よりも一歩先んじていた。しかし、薩長盟約（一八六六年）、薩土盟約（一八六七年）、大政奉還（一八六七年）、王政復古（一八六八年）、戊辰戦争（一八六八年）、廃藩置県（一八七一年）という幕末政治史の重大局面で、肥前藩が大きな役割を果した史料を、筆者は見たことはない。

米も含めた特産物の育成と輸出で、幕末諸藩のなかで最強の海軍と陸軍とを持っていた肥前藩の姿は、一〇〇〇頁を超える藤野保編の『続佐賀藩の総合研究』に詳しいが、大隈重信の貢献についての記述は少ない。ただ、彼が長州藩の倒幕運動に関係し、また、長崎に英学校を設立して欧米事情の吸収につとめていたことだけは、同書も認めるところである（八九九〜九〇一頁）。大隈重信は自身の欧米知識だけを財産に長州藩倒幕派の支持を受けて、大蔵次官（大輔）から参議に飛び級したのである。

大隈の下には、長州藩の井上馨と伊藤博文が居た。細かい話は省略せざるを得ないが、この二人は、一八六三年五月に長州藩から半ば公認された五人の英国留学生の筆頭格で、同行した山尾庸三《やまおようぞう》、井上勝《いのうえまさる》、遠藤謹助《えんどうきんすけ》の三人は、井上馨と伊藤が一年間で帰国した後もイギリスに留まり、財政金融や鉄道鉱山について研究を続けた。この三人も、五代が「大隈・木戸の林は、山林中に良材あって助ける」と記した時には帰国しており、大蔵省の中心に居た井上馨や伊藤博文を支えていた。攘夷運動や倒幕戦争に専念してきた長州藩から薩摩藩をしのぐ国家官僚が出てきた一因は、一八六三年の五人の英国留学にあったのである。

西郷頼りの欧米使節団

幕末維新期の最大の変革であった廃藩置県（一八七一年旧暦七月一四日）からわずか四ヵ月のち（同年一一月一二日）に、明治政府の中枢の大半が、一年半余の欧米視察に出発した。四八人という総勢も驚きだが、それ以上に、王政復古の立役者であった岩倉具視、大久保利通、木戸孝允の三人が、一年半も日本を空けられたのは、何故であろうか。

ペリー来航から一八年間の長きにわたり、「尊王攘夷」、「公武合体」、「尊王倒幕」とい

欧米使節団（左から木戸孝允、山口尚芳、岩倉具視、伊藤博文、大久保利通）

う一種の内紛に追われてきた大久保や木戸が、新国家の青写真を求めて自ら欧米視察に出掛けたことは、国家の指導者として賞讃に値する英断であった。しかし、留守の間の新国家は大丈夫だろうか。実は、西郷隆盛が留守政府を預かるかぎり、使節団は本国のことを心配しないで済んだのである。西郷がいるかぎり、御親兵（近衛兵）が政府に対して反乱を起こすことはありえないし、最強の近衛兵を擁した政府に、廃止された諸藩が反乱を企てることもありえなかった。ただ一つの不安の種は、西郷の主筋に当る旧薩摩藩の島津久光の抵抗であるが、これは大久保が日本に居ても事態は変わらない。どういうわけか使節団の留守中に久光の説得に当ったのは、大久保一翁や勝海舟という旧幕府の開明派官僚であった。五年間におよぶ西郷の流刑中にすでにはじまっていた薩摩藩と幕府開明派官僚との関係は、相当に濃密なものだったようである。

留守政府に対する軍事的反乱の怖れがなければ、財政金融政策の方は、先に引用した五代友厚の、「大隈・木戸の林は、山林中に良材あって助ける」という一文のとおり、木戸系の大隈重信や井上馨らに委せておけば安心できた。木戸孝允の腹心の井上馨や旧幕臣の渋沢栄一《しぶさわえいいち》が牛耳をとる大蔵省は典型的な健全財政主義で、他の内政官庁と軋轢《あつれき》が絶えなかったのは事実である。しかしこれは、近代国家ならいつの時代でも生じる事態の幕開けであって、岩倉や大久保や木戸が日本に居たとしても、防げることではなかった。

西郷と大久保の信頼関係

すでに記してきたように、一八六四年の西郷の鹿児島への帰還以来、西郷と大久保は堅く結びついて一八七一年の廃藩置県の実現に辿りついた。八年間にわたるこの同志的結合は、大久保の渡欧中にも変わることはなかった。西郷は国内における近衛兵の統御の困難さや、先に記した島津久光の中央政府批判などを、在英の大久保に詳しく書き送り、大久保はイギリスでの工場視察の詳細を西郷に報じていたのである。

後者の大久保書簡（一八七二年一〇月）は、一年後の征韓論争における「内治派」と「外征派」の対立というものは、二人の間には存在しなかったことを示唆している。大久保は次のように記している。

「先々月二十九日より、蘇格蘭〔スコットランド〕幷《ならび》に英国有名の場所々々を回覧〔巡覧〕いたし、去る九日、龍動〔ロンドン〕に帰り候。（中略）回覧中は段々珍しき見物いたし候。首府ごとに製作場ならざるはなく、其内就中《なかんずく》盛大なるは、リバプール造船所、マンチェスター木綿器械場、グラスゴー製鉄所、グリノック白糖器械、エヂンボロ紙漉《かみすき》器械所、ニューカッスル製鉄所（是はアームストロング氏の建てる所、アームストロング小銃、大砲発明の人にして、今に存在、同人案内を以て見るを得）、ブラットフォート絹織器械所、毛織物器械所、セッフヒールト〔シェフィールド〕製鉄所（是は重《お》もに汽車輪、其外一切の道具を製出す）、銀器製作所、バーミンハム麦酒製作所（是の製作所の続き十二里に達すと云う）、玻瓈《はり》〔ガラス〕製作所、チェスターの内、イースウィキ塩山等は、分《わけ》て巨大にして、器械精工を極めたり。之に次ぐに大小の器械場枚挙するに遑《いとま》あらず、英国の富強をなす所以《ゆえん》を知るに足るなり。」（『大久保利通伝』下巻、四八〜四九頁）

大久保利通（国会図書館蔵）

使節団の欧米視察中における大久保の近代工業への並々ならぬ傾倒がわかる手紙である。しかし、同じような関心を留守政府の西郷が持っていると大久保が信じていたことも重要である。欧米の近代工業の日本への移植という問題について、大久保と西郷、あるいは使節団と留守政府の間に、大きな違いはなかったことを示唆している。

「征韓論」の萌芽

しかし、このような近代工業の移植の重視（「内治優先」）とはまったく関係のないところから、一般には「征韓論」として識《し》られている東アジア諸国との軋轢の萌芽のようなものが生れかけていた。八月一二日付の西郷の大久保宛書簡には、それが示唆されている。

「兵部省にて近衛局少々物議沸騰いたし、山県《やまがた》〔有朋《ありとも》、近衛都督《このえととく》〕引込み、暫時《ざんじ》混雑に及び候故、御巡幸先え申来り私共兄弟〔西郷従道《さいごうつぐみち》〕共早々罷《まかり》帰り候様との事に御座候間、余程配慮仕り候て罷帰り候えば、差《さし》たる事にも之なく候えども山県氏とても再勤の体《てい》之なく、（中略）私にも御脇に立ち、共に難を引受け申すべし、実は鹿児島隊の難物も是迄打任せ置き候次第行届かざる訳にて御座候間、此上は共に尽力仕るべく候に付き、何卒再勤いたし呉《くれ》候処再往相願い候処、漸く合点致され候に付き、私には元帥にて近衛都督拝命仕り、当分破裂弾中に昼寝いたし居り申し候。」（『大久保利通関係文書』第三巻、三六〇頁）

近衛兵の四割以上は旧薩摩藩兵だったから、旧長州藩の山県有朋が陸軍大輔兼任の都督として統轄するのには、はじめから無理があった。西郷自身が近衛都督となり、山県が陸軍省専任になるのは自然の成り行きであった。問題は、その西郷自身が、近衛都督就任を「当分破裂弾中に昼寝いたし居り申し候」と表現している点にある。

西郷にとって旧薩摩藩兵を中心とする近衛兵は、王政復古と廃藩置県の最大の功労者であった。同じ手紙のなかで彼は、次のように記している。

「此三県の兵は天下に大功有る訳にて、廃藩置県の一大難事も是が為に難論を起し候処も之なく、誠に王家の柱石にて御座候。」（同前書同巻、同頁）

もちろん、以上の西郷書簡には、征韓論も台湾出兵も出てこない。しかし、五年後の西南戦争（一八七七年）のように彼ら自身が反乱を起こさないかぎり、一八七二（明治五）年の近衛兵には戦うべき相手がいなかった。長州の山県有朋に代って、彼らの英雄西郷隆盛自身が近衛都督になったとしても、近衛兵に生甲斐ができるわけではなかった。西郷が「破裂弾中に昼寝」していると大久保に書き送った所以《ゆえん》である。

第六章　廃藩置県後の西郷

1　いわゆる征韓論

七転び七起き

これまで見てきた幕末維新期の西郷の個人史は、いわば四勝四敗の歴史であった。一八五八年の一橋慶喜擁立運動は、井伊直弼の安政の大獄で挫折した。しかし、有力藩主が連合して幕府に迫るという西郷の「合従連衡」論は、一八六八年の王政復古までの一〇年間、変革側の体制構想でありつづけた。この意味では慶喜擁立運動における西郷の星取表は、一勝一敗であった。

同じ運動における西郷の、開国・鎖国棚上げ論も、一勝一敗の関係にあった。井伊の違勅調印と安政の大獄とは、開国派による鎖国派の弾圧と誤解されて伝わったため、開国か鎖国かの争点化を遺してしまったが、この「開鎖」の争点化は、一八六二年の島津久光の率兵上京、東下によって表面化した。久光が「尊王攘夷」派の排除を名として、「合従連衡」を説く西郷を再度流刑に処してしまったからである。「尊王攘夷」派の排除は「開鎖」両論の棚上げを不可能にし、単独出兵は有力諸藩の「合従連衡」による幕府改革を不可能にしたのである。

すでに記したように、久光率兵上京の挫折は西郷の主張の方が正しかったことを示している。しかし、いくら主張が正しくても、そのためにまた二年間も沖永良部島に流されてしまったのでは、政治的には西郷の敗北であった。ここでも、構想面での勝利と実践面での敗北とが、一勝一敗の関係にあったのである。

一八六四年に薩摩藩の有力指導者として返り咲いて以後は、一見したところでは西郷の連戦連勝のように思える。しかし、一八六七年旧暦六月の「薩土盟約」で上下二院制を確約しておきながら、翌六八年には軍事力による倒幕に突き進んだことは、やはり一勝一敗のように思われる。珍らしくこの時には、構想の方で敗北し、実践の方で勝利したのである。

実践面だけでの勝利は長くは続かなかった。一八六八年旧暦九月に会津藩を降伏させたのち、にわかづくりの官軍にはやることがなく、それぞれ薩摩、長州、土佐に帰ってしまったことは、すでに記したとおりである。

官軍の解散が西郷の新たな一敗だったとすれば、一八七〇年末の御親兵の設置は西郷の勝利であった。薩長土の三藩から新政府に献上された御親兵七〇〇〇人弱の軍事力を背景に、西郷が廃藩置県を三〇〇弱の諸藩に迫ったことは、前章で記したところである。ここでも西郷は一敗一勝だったのである。

「七転び目」としての征韓論争

このように、廃藩置県までの西郷の「戦績」は正確に言えば四勝四敗である。しかし、よりわかりやすく相撲の星取表にたとえれば、それを六勝六敗と表現することも許されよう。そして千秋楽前の最後の二番に当る、韓国への使節派遣論とそれに敗れての参議の辞任（一八七三年のいわゆる征韓論争）も、一勝一敗の関係にあった。以下に記すように、革命に勝利した後の官軍が強く求めた「外征」を、韓国への使節派遣にすり替えたのは、西郷の勝利であるが、その結果、自ら参議と近衛都督を辞めなければならなくなったのは、明らかに敗北であった。これで西郷の戦績は七勝七敗になる。言うまでもなく西郷の最後の勝負は一八七七年の西南戦争であり、この大一番に敗れて七勝八敗となった時、彼の生涯も終ったのである。

すでに前章の最後に記したように、留守政府を預る筆頭参議兼近衛都督の西郷を苦しめていたのは、廃藩置県という大革命を達成してしまった「革命軍」の目的喪失であった。彼が「破裂弾中に昼寝」していると表現したのは、この「革命軍」の暴発のことであった。

内戦に勝利してしまった革命軍が期待していたのは「外戦」であった。彼らとて、現に日本国家の全権大使が歴訪中の欧米列強と戦いたいとは、思っていなかった。なかでも西郷に直属する旧薩摩藩兵たちは、大久保利通が在英中に訪問したアームストロング社の大砲や小銃の威力を、一〇年前に経験していた（一八六三年の薩英戦争）。彼らが「外戦」するとすれば、領土問題や国交問題で現に紛争を起している、ロシア、中国、朝鮮との間であり、しかも全面戦争ではなく、局地戦争であった。

しかし、旧薩摩藩兵（近衛兵）が、いわゆる征韓論の急先鋒だったわけではない。征韓論の急先鋒は、旧土佐藩兵（近衛兵）を率いる板垣退助であり、旧薩摩藩兵でも西郷隆盛でもなかった。明治の末年に板垣自身が監修した『自由党史』には、次のような記述がある。

> 「征韓論の勃発せる時に際し、〔旧薩摩藩の〕黒田《くろだ》清隆《きよたか》は〔北海道〕開拓使に長として北門の鎖鑰《さやく》〔門戸〕を司《つかさど》り、桐野《きりの》利秋《としあき》〔前御親兵大隊長〕は熊本鎮台司令長官として、西陲《せいすい》〔九州〕を衛戍《えいじゅ》す。而して黒田は樺太の我が漁民が、露兵の為めに銃殺せられたるを以て、国際問題と為さんと欲し、桐野はまた自家の統轄内にある琉球人が、

板垣退助

台湾生蕃《せいばん》の為めに虐殺せられたるを以て、之を名として征台の師を興さんと欲し、共に上京して、当局者に就《つい》て謀る所あり。然るに二人は東京に来りて始めて征韓の廟議《びょうぎ》あるを知り、自家の主張の貫徹せざるを見て、意太《はなは》だ平《たいらか》ならず。黒田の如きは時に或は征韓論を沮害《そがい》するが如き言動あり。」（岩波文庫、上巻、六二頁）

時代の価値観とは驚くべきもので、日露戦争終了の五年のちに刊行された「自由党」の正史のなかで板垣退助は、薩摩の黒田清隆や桐野利秋は征韓論の妨害者で、自分こそがその主唱者だったと、胸を張っているのである。

それはともかく、西郷の腹心とも言うべき黒田や桐野が「征韓論」に反対していたという板垣の回想は、ほぼ同じ時期に刊行された旧土佐藩兵の指揮官谷干城の遺稿によっても確認できる。一八七三年五月に熊本鎮台司令長官に就任した時の前任者が桐野利秋だったから、桐野の台湾出兵論については、この谷の回想の方が説得力がある。彼は次のように記している。

「当時郵便交通は頗《すこぶ》る不便、電報も小倉、佐賀、長崎のみにて、未だ熊本へは通ぜず。諸参議征韓論の合わざる、辞表を奉じ、薩、土の兵殆ど瓦解を聞くも、其原因更に明かならず。是より〔さき〕台湾蕃人、琉球人四十余人を殺し、小田県〔岡山県西部〕の漂流民を奪掠せし訴あり。桐野氏熊本在職中、鹿児島分営長樺山《かばやま》〔資紀《すけのり》〕氏を台湾に遣《つかわ》し探偵せしめ、兵を挙げ此を討ずるの意あり。（中略）樺山氏探偵報告書も来れり。早晩彼方に事あるは、余等の予期せし処なり。然れども、内閣の破裂が征韓より起りしは、実に思寄らざるなり。」（『谷干城遺稿』上巻、四二一〜四二二頁）

桐野利秋

四年後に西郷とともに城山の露と消える桐野利秋が、「征韓」に関心のない「征台」論者だったのである。

それならば西郷は、何故に最後まで、自ら渡韓しての対韓交渉にこだわって、参議を辞任してしまったのであろうか。

近衛兵すなわち革命軍という「破裂弾」の上に「昼寝」していた西郷にとって、樺太・台湾・朝鮮問題のどれも採り上げないという選択は、ありえなかった。

しかし西郷には、岩倉使節団出発に際しての「大使出張不在中は、成るべく政務の改正を為さざるべし。なお、已むを得ずして改正することあらば、大使に照会すべし」（『明治天皇紀』第二巻、五八一頁）という約定を守る義務があった。

西郷隆盛と征韓論との関係を詳述した家近良樹氏の近著（『西郷隆盛と幕末維新の政局』ミネルヴァ書房）は、使節団と留守政府とのこの約定を、「岩倉使節団の帰国までは朝鮮問題を凍結」したものと解釈している（同書、三三三頁）。

しかし、樺太出兵や台湾出兵とは違って、朝鮮への武装使節団の派遣は、すでに在外使節団が承認していると、西郷は考えていた。すなわち、「使節を差立てられ候義は、先度《せんど》花房《はなぶさ》差遣わされ候同様の訳に御座候」と（明治六年八月一七日付板垣退助宛西郷書簡、『自由党史』上巻、六八頁）。

一八五八年以来一五年間にわたって内外の危局を乗り切ってきた西郷は、この手紙の一年前に外務省の花房義質《よしもと》が軍艦二隻を率いて全権大使として朝鮮に開国交渉に赴いた事例を十分に承知して、自ら使節となることを主張したのである。一八七二（明治五）年八月と言えば、岩倉使節団離日の九ヵ月後であり、使節団はそれを「約定書」違反とはみなさなかったのである。そうである以上、今度は西郷自身が対韓全権大使となって朝鮮に赴くことも、岩倉使節団との「約定書」には反しない。

これに対して、黒田の唱えた樺太出兵や桐野が主張した台湾出兵は、日露、日清間の紛争の種を新たに撒《ま》くもので、「約定書」の言う「政務の改正」に当り、岩倉大使の承認なしには行えないものであった。朝鮮への砲艦外交だけが、すでに岩倉使節団の承認ずみの政策だったのである。だからこそ西郷は、九月一三日の岩倉全権の帰国前の八月一七日に、朝鮮への使節派遣を閣議（正院）で内決することができたのである。

以上のような経緯は、一九七八年に刊行された、毛利敏彦氏の『明治六年政変の研究』（有斐閣）の見解が正しかったことを示している。

それまでの常識を全否定したものとして学界に衝撃を与えた同書は、内容をよく読めば、説得力に富んだ実証的なものであった。すなわち、西郷は「征韓」を唱えたのではなく、朝鮮への「使節派遣」を求めたにすぎず、自分が全権使節として訪韓して「暴殺」されれば「征韓」の口実ができると西郷が主張したのは、本当の「征韓」論者だった土佐出身の参議板垣退助の説得のためであった。西郷のめざした使節団が開戦の口実作りのためのものではなかったことは、二年後の江華島事件を、口実作りのための日本海軍の「恥ずべきの所為《しょい》」と西郷が批判していることによっても明らかである、と（同前書、八一〜八四頁）。このような毛利氏の見解は、「異端」どころか、きわめて「正統」の西郷理解であると、筆者は考える。

「征韓論」をめぐる一勝一敗

すでに記したように、一八五八年の一橋慶喜擁立運動以来一五年に及ぶ革命過程で西郷は、体制構想力か実践力かのどちらかでは、必ず生き残ってきた。筆者が西郷の「一勝一敗」に着目するのは、このことを明らかにするためである。

いわゆる「征韓論争」（実は韓国への使節派遣の是非をめぐる論争）においても、西郷には勝算があった。留守政府内で直接天皇に拝謁できるのは三条太政大臣だけであるが、一八六三（文久三）年旧暦八月一八日の政変で都落ちを余儀なくされた三条が明治政府の最高位につけたのは、ひとえに薩長倒幕派のおかげであった。西郷や板垣ら倒幕派の参議にとっては、三条は扱いやすいトップだったのである。

しかし、大久保や木戸を従えて欧米に出掛けていた右大臣岩倉具視の方は、そう簡単ではなかった。下級公卿とはいえ岩倉は、大久保、木戸、西郷らと対等なかたちで王政復古に参画したのであり、一八七一年初（明治三年末）に西郷を中央政府に呼びもどすために勅使として鹿児島に赴いたのも、岩倉である。

王政復古や廃藩置県などの大変革で、西郷と岩倉の貢献度がほぼ等しかったとすれば、西郷の使節派遣の最終決定では、右大臣の岩倉の方が参議の西郷よりも発言力が大きい。先に記した三条太政大臣以外に、直接に天皇に拝謁できるのは、右大臣の岩倉だけだったからである。

西郷は当然このことに気づいていた。家近良樹氏の力作『西郷隆盛と幕末維新の政局』は、岩倉全権の帰国を待って堂々と全員で使節派遣を決定するのが「筋」であったとしている（三二一頁）。しかし、そうなれば勝算が覚束《おぼつか》ないからこそ、西郷は岩倉帰国以前に留守政府の「内決」（八月一七日）を取りつけたのではなかろうか。

この「内決」は一応の効果を発揮した。岩倉帰国後に、参議に就任した大久保利通も含めて開かれた一〇月一五日の閣議で、「陸軍大将兼参議西郷隆盛を朝鮮国に派遣すること」が正式に決定された。樺太問題でロシアと一戦しようとする薩摩の黒田清隆や、同じく薩摩出身で陸軍少将の桐野利秋が唱える台湾出兵論を抑えて、朝鮮に開国を迫る使節を送るという西郷の主張が、正式な閣議決定となったのである。ここまでは西郷の筋書き通りで、彼の一勝と言うことができよう。

しかし、天皇を直接動かせる岩倉具視が反撃に出た。彼は病を理由に、一五日の閣議決定の実施方針を決める一七日の閣議に出席せず、新参議の大久保利通と木戸孝允も辞職を申し出た。続いて岩倉も欠席作戦から右大臣辞任の積極策に転換した。

西郷と岩倉の板挟みになった三条太政大臣は、極度のノイローゼ状態に陥ったらしい。その症状が政治的なものか肉体的なものかは判断しにくいが、今日のわれわれは神経や肉体の脆弱《ぜいじゃく》な政治家を結構知っているから、三条の病気を政治的なものとは一概に言うことはできない。

三条が引籠ってしまえば、天皇に直接拝謁できるのは、右大臣の岩倉具視だけになる。一〇月一五日の正式な閣議決定の実行に天皇の勅裁を求めて、西郷は、病気で右大臣も拝謁できないなら、われわれ参議が直接参内してもいいと岩倉に迫ったが、岩倉は次のように答えた。

「斯《か》くの如き大事は参議をして摂行せしむべからず、殊に予は三条太政大臣と其の意見を異にする者、今聖旨を奉じて太政大臣の事を摂行するに於ては、予の意見をも具奏せざるべからず、故に明日参内して彼我の両説を奏聞し、以て決を宸断《しんだん》に仰がんとす」（『明治天皇紀』第三巻、一四六頁）

明治維新の最大の功労者の西郷といえども、右大臣岩倉具視を乗り越えて天皇に拝謁し直接「宸断」を仰ぐことは、できなかったのである。

すでに記したように、激動する幕末政治を生き抜いてきた西郷は、このような事態を十分に予測していた。しかし、予測した事態を乗り切れなかったことは、やはり西郷の敗北であった。一〇月二三日、岩倉は使節派遣の不可を天皇に上書し、翌二四日参内して「今汝具視ガ奏状之ヲ嘉納ス」という天皇の勅書を拝受した。

岩倉の奏状の内容は、「〔朝鮮に〕使を発するの日、乃《すなわ》ち戦を決するの日なり」というものであり、また、「船艦の設け、兵食の具、銭貨の備え、及び内政百般の調理等に至る迄、預《あらかじ》め其順序目的を定め、而《しか》る後に朝使を発遣するも、未だ晩《おそし》とせざるなり」（同前書同巻、一四九頁）というものであった。西郷の使節派遣論を対韓戦争論にすり替えた上での時期尚早論である。

正式な閣議決定を無視し、かつ自己の対韓使節派遣論の趣旨をねじまげた岩倉に憤った西郷は、この上書が提出された一〇月二三日に、参議、陸軍大将、近衛都督のすべての辞表を天皇に提出し、陸軍大将を除く参議と近衛都督の辞任を承認された。いわゆる「征韓論」の敗北であり、西郷隆盛の敗北である。

2　台湾出兵と西郷

義勇兵を募る

一〇月一五日には岩倉も含めた閣議で正式決定された朝鮮への使節派遣を覆すに当って、岩倉が挙げた理由は、軍艦や財政の不足であった。これまでの多くの研究が指摘してきたように、それからわずか四ヵ月弱後に、閣議が台湾出兵を決定したのは、筋が通らない話であった。わずか四ヵ月で軍艦を増強したり、政府歳入を増やせたわけがないからである。

それればかりではなく、朝鮮と違って台湾は東アジア最強の清国の領土であり、そこへの出兵は日清戦争をひき起こしかねない。その場合に要する「船艦の設け、兵食の具、銭貨の備え」は、「征韓論」の比ではない。

しかし、西郷下野後の岩倉や大久保利通の政府のこのような矛盾の指摘は、西郷ファンからする批判であって、西郷自身が行ったものではない。反対に、下野した西郷はこの台湾出兵を支持して、三〇〇〇人を超える義勇兵を、辞任した旧近衛兵や鹿児島士族から募って、政府軍に同行させたのである。

西郷のこの行動は、それほど不自然なものではなかった。すでに記したように台湾出兵は、西郷の側近とも言うべき桐野利秋が強く主張してきたものだったからである。西郷が朝鮮への使節派遣にこだわった一因が、岩倉使節団との約束の範囲内で、近衛兵や薩摩軍人の外征論を満足させるためだったことは、すでに記したとおりである。その使節派遣をつぶした岩倉らが、西郷側近の本来の要求だった台湾出兵を断行することに、西郷としては異論のあるはずはなかったのである。政府は、一八七四（明治七）年二月、台湾出兵を閣議決定し、四月には西郷隆盛の弟西郷従道を台湾蕃地事務都督とする約三〇〇〇人の将兵が、四隻の軍艦に分乗して台湾に向って出港した。

西郷従道（国会図書館蔵）

この時、都督の西郷従道を補佐する二人の「参軍」の一人が、熊本鎮台司令長官の谷干城少将である。一八七七（明治一〇）年には、田原坂と熊本城に陣取って五〇日余にわたって攻防を繰り展げる西郷軍と熊本鎮台兵は、そのわずか三年前の一八七四年にはともに台湾に向けて出陣したのである。

戦争となれば西郷が元帥

自国の領土たる台湾に日本が勝手に軍隊を派遣したことを、大国清国が放っておくはずはなかった。日本政府の出兵理由の一つは、一八七三（明治六）年三月に、岡山の四人の漂流民が台湾で「衣類器財を掠奪《りゃくだつ》」されたというもので、出兵の理由に値するものではなかった（外務省調査部編『大日本外交文書』第七巻、一九頁。日本国際協会）。もう一つの、本当の理由は、一八七一（明治四）年一一月に琉球島民五四名が台湾で殺害されたというものだったが、当時琉球は日本領土ではなく、清国と日本に両属する関係にあったから、日本政府の出兵理由にはなりえないものであった。清国政府は、台湾で琉球島民が殺害されたという事件は聞いているが、日本人が殺されたという事件は聞いたことがない、とつっぱねた（同前書同巻、八五頁）。

清国政府が琉球島民殺害に対して謝罪しないかぎり、日清両国はこの問題で戦端を開くことになりかねない。政府は八月一日に大久保利通を対清交渉の全権に任命し、清国政府が「止むを得ざるに出れば、和戦を決するの権」を与えたのである（同前書同巻、一七一～一七二頁）。

九月中旬から開かれた大久保の対清交渉は難航し、本国政府では対清開戦準備がはじめられた。その対清戦争の最高指揮官に想定されたのが、「征韓論」で参議と近衛都督を辞任して鹿児島に戻っていた西郷隆盛であった。大久保が北京で交渉中の九月二四日、事実上の海軍大臣（海軍卿の勝海舟は旧幕臣のため、実権がなかった）川村純義《かわむらすみよし》（海軍大輔。薩摩出身）は、次のような意見書を太政大臣に提出している。

「両軍統括の御人選、いかがの御廟議《びょうぎ》か測るべからず候えども、恐縮を顧みず腹蔵なく申し上げ候時は、その元帥たるや陸軍大将西郷隆盛儀適任なるべしと存候条、清朝破談の報知これあり候わば、速かに勅使を以て浪華に徴せられ、恐れながら皇帝陛下親しく海陸軍元帥の特権委任相成り候様（下略）」（三条家文書、五〇の九）

いわゆる「征韓論争」で敗れて下野した西郷がそのまま一八七七（明治一〇）年の西南戦争に突き進んだわけではないのである。下野後も西郷は、少くとも政府内の薩摩系軍人の信望を集めており、彼らは西郷抜きではアジアの大国清国と戦端を開けないと考えていたのである。

一八七四年九月といえば、西郷が西南戦争に打って出るわずか二年半前のことである。

後に記すように、決起に当って西郷が、海軍の実力者たる川村の寝返りを期待したのにも、一応の根拠はあったのである。

誤った西郷伝説

戦争となれば西郷頼みということは、西郷が好戦論者でアジア侵略論者だったことを意味しない。たしかに西郷は台湾出兵に協力した。しかし、この出兵をはじめたのは、西郷隆盛ではなく、政府内の西郷従道と大隈重信であった。西郷がアジア侵略に反対だったとまで言うつもりはないが、彼が「征韓論者」でなかったことは、すでに記したとおりである。「征韓」に反対し、「征台」に協力しただけの西郷が、何故にアジア「雄飛」の英雄にされてしまったのであろうか。

雲揚艦

一八七三（明治六）年の政府内の論争が、西郷隆盛を対韓使節として派遣するか否かの論争だったのに対し、二年のちの江華島事件こそ「征韓論」と呼ばれても仕方のないものであった。日本海軍の雲揚艦《うんよう》が朝鮮半島の江華島砲台の近海をあからさまに測量した上に、「請水」（清水の補給を乞う）のためと称して、艦長自らがボートに乗って同島に接近したのである。

これに対して砲台が射撃をすると、艦長井上良馨《いのうえよしか》は直ちに艦に戻り、江華島砲台を艦砲射撃した上で占領し、戦利品を奪って帰還した。翌一八七六（明治九）年初めに、薩摩の黒田清隆を全権大使とする使節団が五隻の軍艦に護られて漢城に赴き、かつて西郷が果たそうとした開国要求を朝鮮政府に突きつけて結んだのが、江華島条約である。

一見したところでは二年前の西郷隆盛の主張が実現したものと見えるこの江華島事件に、西郷は強い不満を抱いていた。二年前の彼の使節派遣論の真意がわかる史料なので、一八七五（明治八）年一〇月八日に、西郷が「征韓論争」で行動をともにした篠原国幹《しのはらくにもと》に送った書簡の一部を引用しておこう。

「朝鮮の儀は数百年来交際の国にて、御一新以来、其間に葛藤を生じ、既に五、六ケ年談判に及び、今日其結局に立到り候処、全《まつたく》交際之なく人事尽し難き国と同様の戦端を開き候義、誠に遺憾千万に御坐候。」（『西郷隆盛伝』第五巻、一二五頁）

先に紹介した毛利敏彦氏の『明治六年政変の研究』が主張するように、一八七三（明治六）年の西郷は「征韓」を唱えたのではなく、韓国への使節の派遣を唱えたのであり、江華島事件のようなことをめざしたのではなかったのである。ちなみに毛利氏は同書のなかで、この西郷書簡も紹介している（八四頁）。

韓国との正式な開国交渉の必要を唱えてきた西郷には、航路測量を名として江華島砲台を挑発して、相手が撃ってきたとして一挙に同島を占領した雲揚艦の対応は、許しがたいものであった。彼は次のように批判している。

「譬《たとえ》此戦端を開くにもせよ、最初測量の義を相断り、彼方承諾の上、〔それでも〕発砲に及び候えば、我国へ敵するものと見做《みな》し申すべく候えども、左《さ》も之なく候はば、発砲に及び候とも一往は談判いたし、何等の趣意にて此《かく》の如く此《この》時機に至り候や、是非相糺すべき事に御坐候。一向彼を蔑視し、発砲いたし候故応砲に及び候と申すものにては、是迄の友誼上実に天理に於て恥ずべきの所為に御坐候。」（『西郷隆盛伝』第五巻、一二五頁）

「征韓論」で有名な西郷の主張とはとても思えない。くりかえし記してきたように、西郷は「征韓論者」などではなかったのである。

西郷は江華島事件の非道さの批判を、次のように結んでいる。

「何分にも道を尽さず、只弱を慢《あなど》り強を恐れ候心底より起り候ものと察せられ候。」(同前書同巻、一二六頁)

この西郷書簡を勝田孫弥が紹介したのは一八九五(明治二八)年三月のことであるが、彼は引用の後に次のような私見を付している。

「此書に依れば、(中略)対外の問題に於ては、如何に深く隆盛が注意せしや想知するに足れり。而して其朝鮮に対しては着実の意見を有して国際の理法を重《おも》んじたりしを見るべきなり。」(同前書同巻、同頁)

一八九五年三月といえば、日清戦争での日本の勝利はすでに決っていた。そのような時にこの西郷伝の著者は、西郷が「征韓」論者ではなかったことを強調しているのである。西郷隆盛と言えば「征韓論」が、「征韓論」と言えば西郷隆盛が想起されるようになったのは、いつからのことであろうか。

終章　西郷の虚像と実像

「福沢の右に出候もの之あるまじく」

一八七五（明治八）年九月の江華島事件を、弱国に対する卑劣な挑発と批判した西郷は、その前年末には福沢諭吉の著書を読んで深く感動していた。三年間のフランス留学から帰国した陸軍少将大山巌《おおやまいわお》から送ってもらったのである。従弟にあたるその大山への手紙のなかで、西郷は次のように記している。

「福沢著述の書、有難く御礼申上げ候。篤《とく》と拝読仕り候処、実に目を覚し申し候。先年より諸賢の海防策過分に御坐候えども、福沢の右に出候もの之あるまじくと存じ奉り候。何卒珍書丈は御恵投願い置き奉り候。」（明治七年一二月一一日付、『西郷隆盛伝』第五巻、一二八頁）

幕末期に佐久間象山や勝海舟らから「海防策」を吸収してきた西郷隆盛が、それらを含めて「福沢の右に出候もの之あるまじく」と言い切っているのである。

一八七四（明治七）年一二月には、残念ながら福沢の名著『文明論之概略』はまだ刊行されていない（一八七五年八月刊）。明治五年二月以降に順次に刊行された『学問のすゝめ』

ならば入手可能であったが、「海防策」とはほど遠いものである。福沢の初期の代表作は、一八六六（慶応二）年刊の『西洋事情』であり、そこには「兵制」の記述はあるが、各国の歴史、政治、経済と並んで「海陸軍」の説明があるにすぎない。それに、西郷に福沢の本を渡した大山巌は明治四から七（一八七一～七四）年にかけて約三年間フランスに留学している。帰国したばかりの大山が、八年前に書かれた『西洋事情』を西郷に薦めたとは思えない。

ただ一つ、西郷も大山も関心を持ちそうな福沢の「海防策」がある。一八六九（明治二）年に福沢が小幡篤次郎《おばたとくじろう》らと共訳した『洋兵明鑑』である。これは、一八六三年にアメリカで刊行されたサマリー・オブ・ジ・アート・オブ・ウォーという本の翻訳であるが、『全集』版で六八頁にわたり、兵器、編制、戦略、戦史を包括的に論じた著作である（全集第二巻所収）。幕末維新期の日本では、著書と訳書の間に明確な区分はなかったから、西郷が読んだ福沢の著作の候補の一つではある。

福沢諭吉（国会図書館蔵）

これ以上の探索は諦めるが、「征韓論争」で下野して鹿児島に戻っていた西郷隆盛が、福沢諭吉の著作の一つを、「篤と拝読」している姿は、幕末期の西郷のそれと連続している。

欧米心酔者が何故？

『西郷隆盛と明治維新』と題する本書で、一八七七（明治一〇）年の西南戦争と西郷の戦死を書かないわけにはいかないであろう。しかし筆者の筆は進まない。

これまで六章に分けて記してきた幕末維新期の西郷は、対外政策では冷静かつ合理主義的であり、国内政治では民主的で進歩的であった。幕末の西郷は、吉田松陰や木戸孝允とちがって、一度も「攘夷」を唱えたことはなかった。明治維新以後の西郷は「征韓論」者として有名であるが、それは後世の史家が造った誤った西郷像であることは、第六章で明らかにしたとおりである。一八七五（明治八）年の江華島事件に対する西郷の批判は、彼が征韓論者などではなかったことを、端的に示している。

彼がめざした国内政治改革が、民主的で進歩的なものであったことも、前章までの分析で明らかにできたと思う。一八五八年の「合従連衡」論は一八六四年の勝海舟との会談で「公議会」論に発展し、六七年の薩土盟約では、公卿と大名からなる上院と各藩の家臣の代表を集めた下院の二院制構想に行きついた。その頃西郷がイギリスの外交官アーネスト・サトウに「国民議会」の必要を論じていたことは、「はじめに」で記したとおりである。

西郷は単に民主的改革をめざしただけではなく、欧米文明の吸収に熱心だった点で、「進歩的」な改革者であった。彼が佐久間象山や勝海舟らの幕末を代表する洋学者に心酔していたことは前章までの記述で明らかにしてきたが、本章の冒頭で紹介した福沢諭吉に感嘆している西郷の姿には、筆者も驚いた。一八七一（明治四）年に、西郷が御親兵七〇〇〇弱を握って諸藩に廃藩を迫ったのは、決して偶然ではなかったのである。

その西郷が一八七七（明治一〇）年二月に明治政府に対して反乱を起こし、四月には熊本城の攻略に失敗し、九月二四日には、わずか三七二名の敗残兵に守られて自決したのである。このあまりに大きな落差を描く力は、筆者にはない。

西郷なりの合理性

しかし、物事は結果だけでは判断できない。幕末維新期を一種の戦略的合理主義で乗り越えてきた西郷が、わずか三七二名の味方だけで一万二〇〇〇を超える政府軍と対峙するために、反乱を起したわけではあるまい。西郷には、場合によっては政府軍に勝てるという見通しがあったのではなかろうか。

西郷の戦略的見通しについては、当時島津久光の側近として鹿児島で旧藩の史料の蒐《しゅう》集《しゅう》・編纂に当っていた市来四郎《いちきしろう》という人の日記風の回顧録のなかに、興味深い記述がある。『鹿児島県史料・西南戦争』の第一巻に収められている「丁丑擾乱記《ていちゅうじょうらんき》」がそれである。

この史料の内容は、二〇年以上前に読んで、西郷なりの戦略的合理性を見出した気がした。しかし肝腎の市来四郎という人物の詳しいことがわからなかったので、史料自体の信頼度については確信がなかった。しかし二〇一一年に家近良樹氏の『西郷隆盛と幕末維新の政局』という労作が刊行されて、ようやく人物もわかり、「丁丑擾乱記」の信頼性にも確信が持てるようになった（同書、一五四～一六四頁）。それによると、市来は西郷より一つ歳下、大久保利通より二つ年長で、島津斉彬に寵用《ちょうよう》され、後に久光の下で薩摩藩の財政担当者として軍事費の捻出に苦労した人物で、政治的には薩摩藩内の保守派として、徳川慶喜も含めた新体制の樹立（大政奉還路線）につとめたという。西郷隆盛とは正反対の立場に立っていたことは事実だが、同時代の薩摩藩で同世代の政治家として活動していたことは、彼の西郷情報に信頼性を付すものと思われる。

その市来は、西郷らが出陣する四日前の、一八七七年二月一一日のこととして、次のように記している。

「十年二月十一日、日照後雨、寒冷。（中略）西郷曰《いわ》く、川村〔純義、海軍大輔〕は十に四、五は我に助力すべし、此一名を取込むときは海軍は全く我がものなり。熊本には樺山資紀〔鎮台参謀長〕あり。肥境〔熊本県境〕に我軍進まば、一、二大隊の台兵〔鎮台兵〕は我に帰すべし」（鹿児島県維新史料編さん所編『鹿児島県史料・西南戦争』第一巻、八九四〜八九五頁。鹿児島県）

すでに第六章で記したように、川村純義海軍次官は、わずか二年半前の台湾出兵に際して対清開戦を覚悟した時、鹿児島の西郷に天皇の勅使を派遣して政府に復帰させ、最高司令官（元帥）として対清戦争の指揮を執らせることを、太政大臣に進言していた。この時ならば、西郷の言うとおり、「海軍は全く我がもの」であったろう。

また、熊本鎮台で谷干城司令長官に次ぐ参謀長の地位にあった樺山資紀は、かつて西郷の腹心桐野利秋が鎮台司令長官だった時に、台湾の実情調査に当り、その報告書が一八七四（明治七）年の台湾出兵の判断基準となったことは、よく知られている。桐野利秋の部下だった樺山資紀が西郷軍に寝返れば、熊本城の政府軍の力は半減する。西郷の見通しに同意した鹿児島県令大山綱良の、「熊本にては五ツ組の料理にて待つ位ならん。馬関〔下関〕

にては川村等が迎えの汽船あるべし。面白く花を詠《なが》めて上着すべし」（同前書同巻、八九五頁）というシナリオにも、まったく根拠がなかったわけではない。

対清開戦のような対外的危機があれば、海軍次官（大輔）の川村純義も、熊本鎮台参謀長の樺山資紀も、西郷や大山綱良のシナリオどおりに行動したかもしれない。しかし、一八七四（明治七）年の日清間の紛争は、大久保利通の必死の努力で、戦争にはいたらなかった。一八七五（明治八）年の江華島事件については、西郷自身が弱小国を挑発しての軍事行動に憤りを隠さなかった。

このことを裏返せば、西郷が反乱を起こした一八七七（明治一〇）年には、日本の陸海軍には西郷の出馬を願わなければならないような対外危機はなかったことになる。当然のことながら、川村の迎えの軍艦も来なければ、樺山の寝返りも起らなかった。

「自力優勝」の可能性

他力本願の西郷のシナリオは、一年半前の江華島事件までの可能性にすぎなかった。では、このシナリオが狂ってしまった場合、西郷に遺された途は、城山での三七二名の自決や投降だけだったのであろうか。日本各地の鎮台からそう簡単には兵を熊本に送れなかったという当時の事情を考えれば、西郷の「自力優勝」の可能性も皆無だったとは言えない。
熊本城の攻防という点だけに絞れば、西郷軍が同城を占領する可能性は確かにあった。鹿児島から陸路熊本城をめざした西郷軍（歩兵約一万五〇〇〇、砲兵約五〇〇、その他合計約二万三〇〇〇）は、一方で熊本城を見おろし、他方で博多から進軍する政府軍に備えて、挙兵のわずか八日後には、山鹿《やまが》、田原坂《たばるざか》、吉次《きちじ》峠、木留《きとめ》村の天然の堅城に布陣を完了していた。政府軍側の報告によれば、山鹿と吉次を突破するのは地形上ほとんど不可能で、地形上唯一可能な田原坂では西郷軍の迎撃体制が強固で、「連戦日を送り日々死傷五十乃至百名」という状況であった（同前書同巻、五四頁）。

政府軍が西郷軍を突破できないかぎり、熊本城側は籠城に堪えるしかなかった。天下の名城に閉じ籠って大砲や鉄砲で迎撃する熊本鎮台兵は、西郷らの予想以上に強力であったが、戊辰戦争での実戦経験を持つ西郷軍を相手に、城を出て散兵戦を展開することは不可能だったからである。この様子は、三月一三日に右大臣岩倉具視が内務卿大久保利通に送った手紙の一節によく描かれている。

「小生には、西陲《せいすい》〔九州〕の賊は慓悍《ひょうかん》奮進、只死あるを知るのみに、当るや所謂丸と柵とにて〔銃眼から弾丸を打つだけで〕、吾は器械を以て当るを上策とす。昨今戦争の模様、彼果して散兵、狙撃、抜刀接戦、彼の長ずる所なり。我将校士官、素《もと》より力《ちか》ら彼に十倍すと雖《いえど》も、徴募兵の力彼の長所に当るに難しとす。」（日本史籍協会編『大久保利通文書』第八巻、一六～一七頁。東京大学出版会）。

政府軍の士官は、西郷軍に劣らない訓練と実戦経験を積んできているが、わずか四年少し前の一八七二（明治五）年末に制定されたばかりの徴兵令で動員されてきた「徴募兵」では、籠城作戦以外は無理だと言うのである。

しかし、「徴募兵」は、五〇日余にわたる籠城戦によく耐えた。将兵には一日粟飯《あわめし》二回、粥《かゆ》一回を与えても、文官その他の非戦闘員は一日粟飯一回、粥一回で、限りある城内の食糧備蓄に耐えたのである。それでも、四月に入ると、糧食切れは時間の問題になっていた。熊本城から四月八日付で政府に送られた報告には、「籠城殆んど五十日に及び、糧食尚十余日分を剰《あま》すと雖ども、南北の官軍進入の期、終《つい》に計り難」しとある（『鹿児島県史料・西南戦争』第一巻、一一六頁）。

このような状況下で、右大臣岩倉具視も、城を放棄して決死の覚悟で切り抜けて、西郷軍の背後に迫っている官軍に合流を図る以外に途がないと決心していた。彼は四月一一日の大久保利通宛の手紙のなかで、次のように記している。

「今日の姿にて尚一周間も経過候わば、必らず熊本城保ちがたかるべし。右は已《や》むを得ざる義に付、籠城将士、弾薬器械を処分し、必死突き出で、一方の官軍に合する外《ほか》、勿《なか》るべし。（中略）今日に到り熊城をして一時賊《ゆう》の有たらしむるも敢《あえ》て畏《おそ》るに足らず。然れども世上人心に関係する者、甚大とす。」（『大久保利通文書』第八巻、一五五頁）

すでに記したように、熊本鎮台が籠城作戦を採ったのは、城から打って出ても、訓練も実戦経験も不足している鎮台兵は西郷軍に勝てないからである。「弾薬器械を処分」して打って出るということは、全滅して熊本城を西郷軍に占領させるという方針である。二ヵ月前と違って政府軍は各地の鎮台から兵を増強しており、城内の糧食の備えも尽きかけていたから、岩倉の言うとおり、「今日に到り熊城をして一時賊の有たらしむるも敢て畏るに足ら」なかったのである。

しかし、西郷にとっては、熊本城を陥して今度は西郷軍が籠城して戦死する方が、城山の露となるよりも、はるかに華々しかったに違いない。岩倉も、「世上人心に関係する者、甚大」と警戒していた。岩倉よりも心配性の木戸孝允は、すでに三月下旬から熊本城の落城を予想し、その場合には「彼の勢焔《せいえん》〔気炎〕を熾《さかん》にし、我威勢を滅するは知るべきなり」と怖れていた（三月二三日付伊藤博文宛書簡、伊藤博文関係文書研究会編『伊藤博文関係文書』第四巻、三〇四頁。塙書房）。

西郷の一時的な「自力優勝」の可能性は、十分あったのである。

それにしても何故反乱を？

西郷の「自力優勝」の可能性は、あっけなくなくなった。熊本城を間に挟んで田原坂の正反対の位置にある緑川から進軍する政府の新軍団（背面軍）の一隊が、予期に反して四月一四日に熊本城に入城できたのである。同日の熊本城の報告は、「午後四時十五分前、東京鎮台宇都宮分営の兵少々着城せり。この兵たる、今朝隈荘〔熊本市南区城南町隈庄《くまのしょう》〕を発し、賊軍を衝き来たるものにして、城外囲守の賊兵ら敢えて敵する能わずして敗走せり」（『鹿児島県史料・西南戦争』第一巻、一一八ページ）、と記している。翌一五日、黒田清隆率いる背面軍が熊本城に入城すると、木留、植木などに陣取って四〇日にわたって正面軍と熊本城との連絡を遮断してきた西郷軍は、一斉に東方の木山に退却した。明治の末年（一九〇九年）に、西郷を「大陸雄飛」の先覚者として崇《あが》めて刊行された黒龍会の『西南記伝』も、この四月一五日をもって西郷軍の事実上の敗北の日と位置づけて、次のように記している。

「熊本城は、此役《えき》に於ける天王山にして、城の陥否如何は、勝敗の由《よ》つて以て判るる所なりと謂《い》わざるべからず。而して官軍の熊本城聯絡《れんらく》は、確に此役に於ける勝敗の機を決したるものなりき。（中略）故に第二期戦〔～九月二四日〕は、第一期戦〔～四月一四日〕に比すれば、多くの月日を費したるに係《かかわ》らず、其実は、第一期戦の惰力に由て抗戦したるに過ぎずして、勝敗の機は、業《すで》に已《すで》に熊本城の囲を解きし時に決定せしなり。」（黒龍会本部編『西南記伝』中－二、一～二頁。黒龍会本部）

ところで筆者は、普通ならば本章の冒頭に検討すべき点、すなわち、西郷が何故に反乱を起こしたのか？　という問題を回避してきた。その前に、西郷の反乱にはそれなりの戦略的合理性（たとえば海軍次官や熊本鎮台参謀長の寝返り）も、戦術的な合理性（熊本鎮台が籠城に堪えられなくなる）もあったことを、示したかったからである。

筆者なりにそれを示した以上、最後の問題、西郷が何故に反乱を起こすにいたったのか、また、万が一、反乱に成功した場合に何をするつもりだったのか、に立ち向わないわけにはゆかないであろう。

それでも何故？

これまで記してきたことから明らかなように、反乱を起こした時の西郷には、それなりの勝算がなかったわけではない。中央政府の海軍次官や熊本鎮台の参謀長が反乱軍に寝返るという戦略にはそれなりの根拠があったし、熊本鎮台を包囲して糧食が尽きるのを待つという戦術も、あと三、四日あれば成功したかもしれない。

しかし、戦略と戦術の合理性だけでは、西郷が反乱を起こした理由の説明にはならない。反乱には、目的か動機が必要だからである。

これまで見てきたことから明らかなように、一八七七（明治一〇）年の西郷がやり残した課題は、あまりなかった。幕府は倒したし、封建制そのものも廃止してしまったからである。強いて挙げれば、長年の持論であった「合従連衡」論の未完成と、一八七四年に夢見た日清戦争の未達成の二点が考えられる。

王政復古以前の西郷が、かなり熱心な封建議会論者であったことは、すでに記したとおりである。しかし、一八六七年の「薩土盟約」を反古にして翌年の戊辰戦争に突き進んで以後の約一〇年間、西郷は議会制の導入にはそれほど熱心ではなくなっていた。一八七三（明治六）年のいわゆる「征韓論争」で下野した者のうち、議会制の導入に熱心だったのは、板垣退助や後藤象二郎らの旧土佐藩出身の参議であった（一八七四年一月の「民撰議院設立建白」)。鹿児島に帰った西郷が力を入れたのは、議会制の導入ではなく、私兵組織の設立であった。一八七四(明治七)年六月に設立された「私学校」がそれである。

「学校」とは名ばかりで、それは半年前まで近衛兵の主力を構成していた薩摩出身の戊辰軍団であった。西郷の下で戊辰戦争を戦った篠原国幹、桐野利秋、村田《むらた》新八《しんぱち》らが、銃隊学校、砲隊学校、士官(幼年)学校の指導者として、鹿児島県士族の訓練に当ったのである。そこには、幕末期を通じて「合従連衡」のために奔走した西郷隆盛の俤《おもかげ》は見られない。

私学校跡

西郷隆盛に相応《ふさわ》しいもう一つの反乱目的は日清戦争である。一八七四(明治七)年の台湾出兵を機に、西郷を元帥として鹿児島から呼び戻し清国と一戦しようという動きが、政府のなかに見られたことはすでに記した。朝鮮に対しては、あくまでも礼を尽くして開国を迫ろうとした西郷も、アジアの最強国の清国と一戦して雌雄を決することには、積極的であった。

しかし、すでに記したように政府内に残る薩摩系の陸海軍関係者自身が対清強硬論者であった時に、対清開戦論を掲げて蜂起するのはほとんど無意味な行為である。西郷の片腕で反政府の急先鋒であった桐野利秋自身、対清戦争の先鋒にならんと志願する各地の士族を、「今の政府を助けん」とするもので、「実に笑うべきの甚《はなはだし》き者」であると批判していた（『西南記伝』上ー二、六八五頁）。西郷自身には、対清開戦を機に「突出」するつもりがあったようであるが、急進派の桐野は、「大先生の外患あるの機会を待つとの事、その説古し」と公言していたという（『大久保利通文書』第七巻、四九六頁）。

このように、西郷には内乱にまで訴えて実現しなければならないような「目的」は、もはや残されていなかった。幕府を倒し、大名を倒し、近代的な中央集権国家を樹立するという西郷の夢は、すべて果されてしまったのである。西南戦争は、西郷にとっては、大義なき内戦だったのである。

革命の成功と革命軍の一掃

軍隊の力で「革命」に成功した後の政府にとって、厄介なのは「革命軍」の処遇であった。西郷、大久保と並ぶ明治維新の功労者である長州の木戸孝允は、それを、「兵隊の驕《きよう》慢《まん》は恰《あたかも》病後の薬毒の如し」と表現している（一八七七年二月一二日付書簡、『伊藤博文関係文書』第四巻、三〇一頁）。近衛兵の頂点に立っていた時の西郷も、「当分破裂弾中に昼寝いたし居り申し候」と記していた（明治五年八月、本書一五九頁）。

王政復古、戊辰戦争、廃藩置県という近代日本最大の変革の主導力であった西郷隆盛と薩摩軍団が、他ならぬその近代国家の最大の障害物となってきたのである。

このような革命の力学は、中央政府で大久保利通がいくら西郷との正面衝突を避けようとしても、また西郷がいくら私学校の軍人の鎮撫につとめても、抑えようのないものだった。

一八七七（明治一〇）年一月二日、明治政府が鹿児島の武装解除に着手した。先に紹介した鹿児島の市来四郎は、当日の模様を次のように記している。


「当所磯《いそ》造船所並に火薬所へ製造仕りし大砲並に諸要具類、弾薬等、一切総て東京又は大坂城へ積廻し相成りたりと。跡に残りはなき程のよし。大小弾薬は未《いま》だ過分に残りあるよし。守護の人々へ一層厳重の守衛申付けに相成りたるよし。是も全く当分の騒動の事件、政府に聞えて、予《あらか》じめの手当と聞きたり。私学校連中は、其事を聞き、甚《はなはだ》不平の様子に聞《きこ》ゆ。」（『西南記伝』中－一、二一七頁）

反乱のおそれあり、として鹿児島にある武器弾薬を大坂や東京に移すということは、たとえそれが政府所轄の陸軍砲兵属廠《しょう》のものであっても、明らかな挑発行為であった。
政府の挑発行為に反応したのは、西郷隆盛自身ではなく、その配下で急進派の桐野利秋であった。一月二二、三日頃、桐野を中心とする急進派は、西郷に決起を迫ったという。右大臣岩倉具視の下に集った鹿児島情勢の報告によると、西郷だけでなく銃隊学校長の篠原国幹や砲隊学校長の村田新八も、桐野の暴発を抑えようとしたという。岩倉が二月一〇日付で三条太政大臣や木戸内閣顧問に送った手紙には、次のように記されている。

「一月二十三、四日頃、私学校壮年輩、頓《とみ》に西郷方へ合集、是非此時失うべからず、速《すみやか》に大挙云々、切迫議論の処、西郷大《おおい》に異論、堂々正理を主張、百方説論の処、壮士輩遂に承服致さず、仮令《たとい》賊名を受《うく》るとも兵を挙《あぐ》るとの事にて、西郷も致方なく、其儘《まま》立去り迹《あと》を隠し、（中略）蹤跡更に相分らざる趣に候。村田・篠原抔《など》西郷同意、桐野の処多分謀主ならんか。」（『大久保利通文書』第七巻、五〇六頁）

政府の挑発に憤る私学校内急進派を、西郷、篠原、村田らのトップが抑えるという状況は長くは続かなかった。一月二九日夜半、桐野ら急進派が陸軍砲兵属廠を襲い、残っていた小銃や弾薬を押収したのである。

鹿児島県内にあろうと、政府の陸軍砲兵属廠である。それを私学校生が襲撃して武器弾薬を強奪したのであるから、歴とした犯罪であり、鹿児島県庁は中央政府の内務省の管轄下にある。その上、旧薩摩藩の士族がみな私学校の支持者であったわけではない。篠原国幹は、「我に附属するは三分一に足らざるべし」と自覚していたという（『鹿児島県史料・西南戦争』第一巻、八九〇頁）。

小暴発のまま放置すれば政府の処罰は免れない。ここにいたって穏健派の篠原も、「速に大挙を着手すべし」と判断を変えた。二月三日の幹部会合で篠原は次のように述べたという。

「県内の人心我党に一定《いちじょう》すと謂《い》い難し。煽動して定策を用ゆるを専要とす。然らざれば旧知事〔島津忠義〕に附属し我に拮抗するもの多からん。（中略）故に人心を一定せんには、弾薬類悉皆《しっかい》取り尽し、製造所の官員は残らず捕縛し、県官異論を起すものは悉《ことごと》く縛《ばく》し、而して嘯聚《しょうしゅ》大挙すべし」（同前書同巻、同頁）

翌二月六日に西郷宅で開かれた幹部会議で、西郷も決起に同意したという。決起決定の翌七日より、私学校兵は奪い取った陸軍砲兵属廠で「昼夜の別なく」、大砲と弾薬の製造に当ったという（同前書同巻、八九三頁）。

一八七七年二月の時点で、幕末と明治維新の英雄西郷隆盛に、反乱を起さなければならないような大目的は存在していなかった。しかし、鹿児島砲兵属廠所有の武器弾薬を大坂に移すという政府の挑発に乗った桐野ら私学校急進派が、砲兵属廠を占領する挙に及んだ時、西郷も決起せざるをえなかった。一旦決起して以後の西郷軍が戦略的にも戦術的にも、さらには戦闘能力においても、最善を尽くしたことは、本章の前半に記したとおりである。

しかし、西郷が常に重んじてきた「大義」が存在しない反乱は、一〇年前の戊辰戦争とは違うものであった。一八七七年九月二四日、城山で最後まで戦った一六〇名の将兵とともに、西郷はこの世を去った。満で数えれば、四九歳であった。

おわりに

西郷隆盛という人物は、長い間、いわば「右翼陣営」によって独占されてきた。二一世紀の日本で、「右翼」とか「左翼」とか言ってみても、「右翼」が「ファシズム」や「総力戦」をめざしているわけではない。反対に、今や死語になりかけている「左翼」という言葉も、社会主義革命をめざしている者を指しているわけではない。「左翼」と自称する人びとが仮に今日存在しているとしても、彼らが唱えるのは「憲法九条を守れ」である。かつては社会主義者を指した「左翼」という言葉とは、相当にかけ離れた主張である。

実は、一九四五年八月にはじまる戦後民主主義時代の「左翼」は、「自由」、「平等」、「平和」のうち、真中の「平等」（「格差是正」）には、関心が薄かった。彼らの主な関心は、「自由」と「平和」にあった。

昨日まで日本を支配してきた憲兵や特高の復活を許さないというのが「自由」の課題であり、昨日まで頭上から落ちてきた爆弾や焼夷弾の恐怖から逃れるのが「平和」の願いであった。一九三七年七月の日中戦争の勃発から丸八年間、東アジアや東南アジアや南アジアで侵略を続けてきた日本国民が、突然に〝二度と息子を戦場に送らない〟と誓う姿に、侵略された国々の国民は、ほっとしつつも強い反感を持ったに違いない。

それはともかく、四五年八月に突如「自由」と「平和」の価値に目覚めた日本の「左翼」は、〝赤狩り〟ならぬ〝白狩り〟をはじめた。日本をファシズムと戦争へと導いた政治家や思想家の責任追及が日本の「左翼」の仕事になったのである。

本書の主人公西郷隆盛は、軍部独裁と侵略戦争の元祖として、戦後六八年間、攻撃の矢面に立たされてきた。一八七三年の「征韓論」はアジア侵略の最初の試みであり、一八七七年の西南戦争は軍部独裁をめざすクー・デターの魁《さきがけ》とされてきたのである。

「左翼」の仇敵とされた西郷隆盛は、「右翼」には守護神として崇められた。「右翼陣営」がアメリカや中国の「外圧」に反発したり、憲法を改めて自分の力で日本を守りたいと考えたり、さらには戦前の大日本帝国を懐かしみ愛国心教育を唱えるとき、彼らの頭の中には西郷隆盛がいた。

「左翼陣営」と「右翼陣営」が思い浮べる西郷隆盛像は、じつは同じものであった。両者の違いは、それを攻撃するか尊崇するかだけであった。しかし、本書で明らかにしたように、そのような西郷像は間違っている。

西郷隆盛は、攘夷論者からも慕われていたが、自身が攘夷論者であったことはない。

「征韓論」で有名な西郷は、実は一八七五年の江華島事件を、小国を見くびった卑劣な事件と非難していた。明治日本を立憲制国家に導いた功労者として人びとが挙げる人名は、伊藤博文、板垣退助、坂本竜馬であろう。しかし西郷が議会制導入の必要を覚ったのは、一八六四（元治元）年のことであり、先の三人よりははるかに前のことである。

「封建制度」、「門閥制度」を「親の敵《かたき》」と呼んだのは福沢諭吉であるが（『福翁自伝』、『福沢諭吉全集』第七巻、一一頁）、実際に幕府を倒し（戊辰戦争）、封建制を廃した（廃藩置県）最大の功労者は、西郷隆盛であった。「議会制」の導入と封建制の打破とに尽力した西郷隆盛の実像は、「右翼陣営」からも「左翼陣営」からも、まったく忘れられてきたのである。

本書は、これまで多くの日本人に抱かれてきた西郷隆盛像を「虚像」として退け、その「実像」を対置しようとしたものである。

本書において筆者は、西郷の変革構想とその実践は、一応明らかにしたつもりである。しかし、その西郷を内面で支える「思想」までは明らかにできなかった。渡辺浩氏の「儒教と福澤諭吉」（『福澤諭吉年鑑』三九号、二〇一二年一二月）によれば、江戸時代の支配的思想であった朱子学によっても、将軍や藩主への諌言《かんげん》や反乱は正当化され、そもそも朱子学は「封建制」ではなく、中央集権的な「郡県制」を前提にしていた。西郷の久光への抵抗も廃藩置県の断行も、ともに朱子学とは矛盾しない（一〇二〜一〇三頁）。しかし、本書では、幕末の西郷がどのような儒学をどの程度深く学んでいたのかまでは検討できなかった。もうすぐ七六歳になる筆者が、この問題に挑戦するのは来世でのことになりそうである。

「西郷隆盛と明治維新」という本を書いてみたいと講談社現代新書の所澤淳氏に話したのは、三年ぐらい前だったと思う。しかし、この企画はすぐには実現しなかった。筆者の長年の夢だった、副題なしの『日本近代史』という本を出したいと、ちくま新書の増田健史氏が言ってきたからである。

どちらを先にするか、かなり迷ったが、結局『日本近代史』の方を先に出すことにした。何故そうしたのかは記憶が定かでないが、西郷隆盛という名前に腰が引けたのが原因だったと思う。子供の頃から上野公園の銅像で見てきた西郷を主人公とする一冊の本を書くには、よほどの覚悟が必要だったのである。

この間、日本近代史の通史の執筆に専念する筆者を、所澤氏は我慢強く待ってくれた。しかし、昨年（二〇一二年）三月に『日本近代史』が刊行されると、四月には本書の執筆を依頼してこられた。

結果的には、刊行の順序は正しかったと思う。一八五七年から一九三七年までの八〇年間の通史を書き上げたことによって、幕末・維新期の西郷隆盛という政治家の偉大さに確信が持てるようになったからである。今では、幕末から戦前昭和にかけての八〇年間に活躍した政治家のなかで、誰を一番尊敬しているかという問いに、筆者は即座に答えることができる。

一九七一年五月に最初の著作を世に問うて以来、四〇年余の時が過ぎた。この間に公私を問わずお世話になった方々のお名前は、文字通り枚挙に遑がない。そのすべての方々に心から御礼申し上げたい。

二〇一三年一月

著者

講談社現代新書　2202
西《さい》郷《ごう》隆《たか》盛《もり》と明《めい》治《じ》維《い》新《しん》
二〇一三年四月二〇日第一刷発行
著者　坂《ばん》野《の》潤《じゅん》治《じ》

発行者　鈴木　哲
発行所　株式会社講談社
東京都文京区音羽二丁目一二―二一　郵便番号一一二―八〇〇一
電話　出版部　〇三―五三九五―三五二一
販売部　〇三―五三九五―五八一七
業務部　〇三―五三九五―三六一五
装幀者　中島英樹
印刷所　凸版印刷株式会社
製本所　株式会社大進堂
定価はカバーに表示してあります　Printed in Japan

N.D.C. 210.6　207p　18cm
ISBN978-4-06-288202-6

「講談社現代新書」の刊行にあたって

教養は万人が身をもって養い創造すべきものであって、一部の専門家の占有物として、ただ一方的に人々の手もとに配布され伝達されうるものではありません。

しかし、不幸にしてわが国の現状では、教養の重要な養いとなるべき書物は、ほとんど講壇からの天下りや単なる解説に終始し、知識技術を真剣に希求する青少年・学生・一般民衆の根本的な疑問や興味は、けっして十分に答えられ、解きほぐされ、手引きされることがありません。万人の内奥から発した真正の教養への芽ばえが、こうして放置され、むなしく滅びさる運命にゆだねられているのです。

このことは、中・高校だけで教育をおわる人々の成長をはばんでいるだけでなく、大学に進んだり、インテリと目されたりする人々の精神力の健康さえもむしばみ、わが国の文化の実質をまことに脆弱なものにしています。単なる博識以上の根強い思索力・判断力、および確かな技術にささえられた教養を必要とする日本の将来にとって、これは真剣に憂慮されなければならない事態であるといわなければなりません。

わたしたちの「講談社現代新書」は、この事態の克服を意図して計画されたものです。これによってわたしたちは、講壇からの天下りでもなく、単なる解説書でもない、もっぱら万人の魂に生ずる初発的かつ根本的な問題をとらえ、掘り起こし、手引きし、しかも最新の知識への展望を万人に確立させる書物を、新しく世の中に送り出したいと念願しています。

わたしたちは、創業以来民衆を対象とする啓蒙の仕事に専心してきた講談社にとって、これこそもっともふさわしい課題であり、伝統ある出版社としての義務でもあると考えているのです。

一九六四年四月　野間省一

哲学・思想Ⅰ

哲学・思想Ⅱ

13 論語——貝塚茂樹
285 正しく考えるために 岩崎武雄
324 美について——今道友信
445 いかに生きるか——森有正
846 老荘を読む——蜂屋邦夫
1007 日本の風景・西欧の景観——オギュスタン・ベルク 篠田勝英 訳
1123 はじめてのインド哲学 立川武蔵
1150 「欲望」と資本主義——佐伯啓思
1163 「孫子」を読む——浅野裕一
1247 メタファー思考——瀬戸賢一
1248 20世紀言語学入門—加賀野井秀一
1278 ラカンの精神分析——新宮一成

1358 「教養」とは何か——阿部謹也
1436 古事記と日本書紀 神野志隆光
1439 〈意識〉とは何だろうか—下條信輔
1458 シュタイナー入門——西平直
1542 自由はどこまで可能か 森村進
1544 倫理という力——前田英樹
1554 丸山眞男をどう読むか 長谷川宏
1560 神道の逆襲——菅野覚明
1741 武士道の逆襲——菅野覚明
1749 自由とは何か——佐伯啓思
1763 ソシュールと言語学——町田健
1849 系統樹思考の世界——三中信宏
1867 現代建築に関する16章—五十嵐太郎

1875 日本を甦らせる政治思想—菊池理夫
2009 ニッポンの思想——佐々木敦
2014 分類思考の世界——三中信宏
2102 宣教師ニコライとその時代—中村健之介
2114 いつだって大変な時代—堀井憲一郎
2134 いまを生きるための思想キーワード——仲正昌樹

世界史Ⅰ

834 ユダヤ人——上田和夫
934 大英帝国——長島伸一
959 東インド会社——浅田實
968 ローマはなぜ滅んだか 弓削達
1017 ハプスブルク家——江村洋
1019 動物裁判——池上俊一
1076 デパートを発明した夫婦 鹿島茂
1080 ユダヤ人とドイツ——大澤武男
1088 ヨーロッパ「近代」の終焉——山本雅男
1097 オスマン帝国——鈴木董
1151 ハプスブルク家の女たち 江村洋
1249 ヒトラーとユダヤ人 大澤武男
1252 ロスチャイルド家 横山三四郎
1282 戦うハプスブルク家 菊池良生
1306 モンゴル帝国の興亡〈上〉——杉山正明
1307 モンゴル帝国の興亡〈下〉——杉山正明
1314 ブルゴーニュ家——堀越孝一
1321 聖書vs.世界史——岡崎勝世
1366 新書アフリカ史——宮本正興 松田素二 編
1389 ローマ五賢帝——南川高志
1442 メディチ家——森田義之
1486 エリザベスI世——青木道彦
1557 イタリア・ルネサンス——澤井繁男
1572 ユダヤ人とローマ帝国 大澤武男
1587 傭兵の二千年史——菊池良生
1588 現代アラブの社会思想 池内恵
1664 新書ヨーロッパ史 中世篇 堀越孝一 編
1673 神聖ローマ帝国——菊池良生
1687 世界史とヨーロッパ 岡崎勝世
1705 魔女とカルトのドイツ史——浜本隆志
1712 宗教改革の真実——永田諒一
2005 カペー朝——佐藤賢一
2070 イギリス近代史講義——川北稔
2096 モーツァルトを「造った」男——小宮正安

世界史Ⅱ

日本語・日本文化

105 タテ社会の人間関係　中根千枝
293 日本人の意識構造——会田雄次
444 出雲神話——松前健
1193 漢字の字源——阿辻哲次
1200 外国語としての日本語——佐々木瑞枝
1239 武士道とエロス——氏家幹人
1262 「世間」とは何か——阿部謹也
1384 マンガと「戦争」——夏目房之介
1432 江戸の性風俗——氏家幹人
1448 日本人のしつけは衰退したか——広田照幸
1738 大人のための文章教室　清水義範
1889 なぜ日本人は劣化したか——香山リカ
1943 なぜ日本人は学ばなくなったのか——齋藤孝
2006 「空気」と「世間」——鴻上尚史
2007 落語論——堀井憲一郎
2013 日本語という外国語　荒川洋平
2033 新編　日本語誤用・慣用小辞典　国広哲弥
2034 性的なことば——井上章一 澁谷知美 斎藤光 三橋順子 編
2067 日本料理の贅沢——神田裕行
2088 温泉をよむ——日本温泉文化研究会
2092 新書　沖縄読本——下川裕治 仲村清司 著・編
2126 日本を滅ぼす〈世間の良識〉——森巣博
2127 ラーメンと愛国——速水健朗
2133 つながる読書術——日垣隆
2137 マンガの遺伝子——斎藤宣彦